Hibiskus

Für meine Mutter,
die Frau, die mir die Möglichkeiten, den Raum und den Mut gegeben hat, zu träumen und kreativ zu sein (auch wenn du zu Beginn von meinem Essen nicht so begeistert warst).

LOPÈ ARIYO

Hibiskus

Einfach köstlich nigerianisch kochen

DK

Inhalt

EINLEITUNG

Mein Kochstil ist durch meine Erfahrungen aus der Kindheit, Schul- und Unizeit geprägt. Durch mein Essen kann ich ausdrücken, wer ich bin. Geboren und aufgewachsen bin ich in London, und ich erinnere mich daran, wie ich schon als ganz kleines Mädchen mit meiner Mutter Debbie samstags zum Markt nach Brixton oder Croydon fuhr. Zuerst ging es immer zu den Gemüseständen, dann zu den Fleisch- und Fischhändlern, wo ich, so lange ich konnte, die Luft anhielt. Der Markt war immer sehr voll, sodass ich förmlich an meiner Mutter klebte, um nicht verloren zu gehen. Zurück zu Hause half ich ihr dann beim Kochen. Ich kann mich genau erinnern, wie meine Mutter Tomaten für eine Suppe mixte und anbriet, Okraschoten hackte oder gemahlenen Reis in heißem Wasser rührte. Der Tomatensaft spritzte auf die Fliesen, wenn es im Topf heftig blubberte, die Herdplatte zischte, wenn die Okrasuppe überkochte, und wenn das Hähnchen vor sich hinbriet, duftete es ganz wunderbar aus dem Ofen. Meine Mutter kochte stets nach dem Motto schnell und einfach. Diese Wochenendrituale waren meine ersten Begegnungen mit der nigerianischen Küche.

Meine Mutter hat mich zu Fleiß, Ehrlichkeit und Unabhängigkeit erzogen, und hielt es auch für wichtig, dass ich meine nigerianischen Wurzeln, meine Großfamilie und ihre Kultur kennenlernte. So kam ich 2003 in ein Mädcheninternat in Lagos, Nigeria. Anfangs tat ich mich schwer, aber nachdem ich ein paar Freundinnen gefunden und mich an alles gewöhnt hatte, konnte ich mich auch für die Lebensart in Lagos öffnen. Zwei Jahre später kehrte ich mit einem starken Bewusstsein für meine Kultur, neuen, engen Freundschaften und einer großen Wertschätzung für nigerianisches Essen nach London zurück. Ich hatte immer mehr Spaß am Kochen und wechselte zwischen englischen und nigerianischen Gerichten, um die tollen Aromen zu genießen. Dabei ahmte ich die einfachen Alltagsgerichte mit Bohnen, Kochbananen, Yamswurzeln oder Tomaten nach, die im Internat serviert wurden.

Meine besten Freundinnen lernte ich in der Oberstufe kennen. In unseren Freistunden kauften wir uns Sandwiches, Scotch Eggs, Würstchen im Blätterteig, Törtchen und Getränke, um kleine Picknicks zu veranstalten. Weil wir alle einen anderen ethnischen Hintergrund hatten, brachten wir meist auch ein Gericht aus unserem Kulturkreis mit. Wir stellten einander neue Aromen und Zutaten vor, und ich entdeckte, wie viel Spaß es mir machte, meine Freundinnen einzuladen und für sie zu kochen. Das gehörte zu den Dingen, die ich am meisten vermisste, als ich mit dem Studium begann. Wenn ich zu Hause anrief, fragte meine Mutter meistens, ob ich etwas gegessen oder ob ich Hunger hatte, so wie es die meisten Eltern in Westafrika tun, wenn ihre Kinder traurig oder schlecht gelaunt sind. Mein Heimweh konnte ich beim Kochen bekämpfen, und bald kamen meine Mitbewohner, die wenig über die nigerianische Kultur wussten, zu mir, wenn sie mehr über Zutaten und Gewürze wissen wollten. Irgendwann kochten wir zusammen: britisch, nigerianisch oder eine Mischung daraus. Ich merkte, dass ich mir in der Küche ein Zuhause schaffen konnte.

Für mich sind britische und nigerianische Bestandteile gleich wichtig, und es macht mir Spaß, das Beste aus beiden Welten zu vereinen. Ich liebe die Zutatenkombinationen (vor allem Gewürze) aus der nigerianischen und westafrikanischen Küche, während die britische bzw. europäische Küche zeitsparende Zubereitungsmethoden bietet. Ich stehe auf westafrikanisches Essen, weil darin frische, natürliche Zutaten verarbeitet werden, die dem Körper guttun, ohne eine große Wissenschaft daraus zu machen. Bei diesem Essen geht es vor allem um Zuwendung und Gastfreundschaft, Menschen zusammenzubringen und sie glücklich zu machen.

Globalisierung und Multikulturalismus sorgen dafür, dass die westafrikanische Küche und Kultur auch in Europa Verbreitung finden. Allerdings gibt es kaum Persönlichkeiten, die sich für westafrikanisches Essen stark machen. Meine Motivation ist es deshalb, für meine Kultur zu werben und andere Menschen mit afrikanischen Wurzeln zu inspirieren, ihre Geschichte anhand von Essen zu erzählen. Ich finde Sichtbarkeit wichtig! Wenn also jemand etwas von sich selbst in mir wiedererkennt, hoffe ich, dass er oder sie sich durch kreative Gerichte ausdrücken lernt, so wie ich es getan habe. Mehr denn je sind afrikanische Zutaten im Einzelhandel oder online erhältlich, wenngleich ihr Absatz nicht so hoch ist, wie er sein könnte, weil viele die Zubereitung nicht kennen. Ich habe Menschen beobachtet, die westafrikanisches Essen probierten, und erkannt haben, was für ein Geschmackserlebnis es für sie war; sie wollten etwas über die Aromen erfahren und wie man die Gerichte zubereitet. Es gibt eine wachsende Zahl von Cafés und Restaurants, die westafrikanisches Essen servieren, doch das Nachkochen zu Hause ist noch nicht weit verbreitet.

Dies ist mein erstes Kochbuch, und ich hoffe, Ihnen damit einen anregenden Einblick in die westafrikanisch inspirierte Küche zu bieten. Von den mehr als 200 ethnischen Volksgruppen in Nigeria habe ich mich im Wesentlichen auf die Küche der Yoruba, Igbo und Hausa konzentriert. Mein Anspruch ist es, frische, aromatische Gerichte für jede Gelegenheit zu kreieren. Es mögen Zutaten, von denen Sie vielleicht noch nie gehört haben (auch wenn ich mich immer um Alternativen bemüht habe), oder ungewohnte Zubereitungsarten in diesem Buch vorkommen. Aber Sie finden auch europäische bzw. britische Klassiker mit nigerianischem Touch und aromatisch aufgepeppte Varianten bekannter Alltagsgerichte. Ich wünsche mir, dass Ihre Küche durch diese Rezepte – so wie bei mir – zu etwas Besonderem wird!

MEIN VORRATSSCHRANK

Mittlerweile ist es gar nicht mehr so schwer, in unseren Supermärkten Zutaten für die nigerianische Küche zu finden, insbesondere in größeren Städten. Ich muss gestehen, dass ich eine große Online-Shopperin bin, eine Gewohnheit aus meiner Studienzeit. Wenn Sie also eine Zutat nicht auftreiben können, machen Sie sich auf die Online-Suche. Doch werden Sie bei den meisten Zutaten sowohl in gut sortierten Super- und Biomärkten (weil sie teilweise als Superfood gelten) als auch in Asia- oder Afrika-Märkten fündig.

In diesem Buch treffen Sie auf exotisch anmutende Zutaten, die Sie vielleicht nicht direkt mit Nigeria in Verbindung bringen, und ich freue mich, dass ich sie Ihnen vorstellen kann. Ich liebe es, mit neuen Aromen zu experimentieren und genieße es, wenn ich meinen Gästen etwas Unbekanntes serviere, was sie mit kritischem Gesichtsausdruck probieren, aber nicht benennen können. Hier sind die wichtigsten Zutaten in meiner Küche, von denen ich die unbekannteren kurz vorstelle (in Rot).

FRISCHE ZUTATEN

1. YAMSWURZEL
2. MANIOK
3. SÜSSKARTOFFEL
4. SCHALOTTE
5. INGWER
6. MANGO
7. PAPRIKASCHOTE
8. KURKUMA
9. LANGE ROTE CHILI
10. KNOBLAUCH
11. SCHARFE CHILI
12. LIMETTE
13. AVOCADO
14. OKRASCHOTE
15. AFRIK. AUBERGINE
16. KOCHBANANE

YAMSWURZELN sind die essbaren Wurzelknollen der Yamspflanze mit einer rindenartigen dunkelbraunen Schale und weißem Fruchtfleisch, das nur vollständig durchgegart zum Verzehr geeignet ist. Yams hat eine der Kartoffel sehr ähnliche Textur, schmeckt aber süßlicher. Normalerweise werden sie gekocht, sie können aber auch wie Kartoffeln auf andere Arten gegart werden. Getrocknete Yamswurzel wird zu Mehl gemahlen (Elubo Isu), das für die Zubereitung von Okele (s. S. 28), Klößen (Rinderschmortopf mit Amala, s. S. 139) oder Muffins (Amala-Schokomuffins, s. S. 168) zum Einsatz kommt.

MANIOK ist ebenfalls eine essbare Wurzelknolle mit brauner Schale und festem weißem Fruchtfleisch, das nach dem Garen einen säuerlichen Geschmack hat. Wie die meisten Wurzelknollen kann Maniok gekocht, gedämpft, gebraten oder frittiert werden. Getrockneter Maniok kann zu Mehl gemahlen werden, das für Okele (s. S. 28) oder für Garri (s. S. 13) benötigt wird.

SCHARFE CHILISCHOTEN sind in nigerianischen Gerichten unverzichtbar, da viele Nigerianer sehr gerne sehr scharf essen, besonders beliebt sind Scotch-Bonnet-Chilischoten. Wenn man es nicht so scharf mag, kann man sie durch mildere lange Sorten ersetzen.

OKRASCHOTEN sind etwa fingerlange grüne Schoten mit weißen Kernen, die auch roh verzehrt werden können. Werden sie zu lange gegart, sondern sie eine schleimige Substanz ab. Sie schmecken relativ neutral, nehmen aber sehr gut die Aromen von Kräutern, Gewürzen oder anderen Gemüsesorten auf.

AFRIKANISCHE AUBERGINEN gehören zur selben Familie wie die schwarzvioletten großen Auberginen und haben auch eine ähnliche Textur, wenngleich sie etwas weicher sind. Sie sind rundlich und weißlich (daher auch der Name Eierfrucht) und schmecken gegart am besten. Ich mag sie besonders gern mit anderem Gemüse gebraten wie bei meinem Ofengemüse (s. S. 35).

KOCHBANANEN sind verwandt mit Bananen, aber um einiges größer und kantiger. Es gibt grün-, gelb- und rotschalige Sorten. Ihr Fruchtfleisch ist nicht so süß, weshalb es sehr vielseitig ist und in der herzhaften wie in der süßen Küche zu Hause ist.

1.
2.
3.
4.
5.
6.
7.
8.
9.
10.
11.
12.
13.
14.
15.
16.

1.
2.
3.
5.
4.
6.
7.
9.
8.
10.
11.
12.
13.
14.
15.
16.
17.
18.
19.
20.
21.
22.
23.
24.
25.

KRÄUTER UND GEWÜRZE

1. CAYENNEPFEFFER
2. NELKENBASILIKUM
3. EGUSI-KERNE
4. GETR. SCHARFE CHILISCHOTEN
5. GETR. OREGANO
6. GEWÜRZNELKEN
7. KOKOSCHIPS
8. HIBISKUSBLÜTEN
9. PAPRIKAPULVER
10. BAOBAB
11. PFEFFERKÖRNER
12. MUSKATNUSS
13. GETR. LORBEER
14. KREUZKÜMMEL
15. MANIOKMEHL
16. CHILIFLOCKEN
17. GETR. THYMIAN
18. ZIMTSTANGEN
19. KNOBLAUCH-GRANULAT
20. GEMAHLENE GETR. HIBISKUSBLÜTEN
21. SELIMPFEFFER
22. KNOBLAUCHZEHEN
23. GEMAHL. INGWER
24. GEMAHL. KURKUMA
25. SELLERIESALZ

CAROB
MORINGA
PALMSAFT, -WEIN & -ESSIG
ROTES PALMÖL
KOLANÜSSE
GARRI
BOHNENMEHL
ATAMA

CAYENNEPFEFFER ist in Nigeria weit verbreitet. In der Regel werden ganze getrocknete Chilischoten genutzt und seltener die gemahlene Form. Nigerianische Gerichte werden eher mit Cayenne- als mit schwarzem Pfeffer nachgewürzt.

NELKENBASILIKUM wird vor allem zum Würzen von Suppen verwendet. Aufgrund seiner Vielseitigkeit nutze ich es aber auch für viele andere Gerichte. Normales Basilikum ist ein guter Ersatz.

EGUSI-KERNE sind die Kerne von Kürbisgewächsen. Sie sehen aus wie sehr flache blanchierte Mandelkerne und haben, wenn sie geröstet sind, ein nussiges Aroma. Üblicherweise werden sie gemahlen und zum Andicken von Suppen und Eintöpfen genutzt.

HIBISKUSBLÜTEN sind rosa bis violette Blüten eines Malvengewächses. Sie haben ein feinsäuerliches Aroma, das an Cranberrys erinnert. Die Blüten sind getrocknet das ganze Jahr über erhältlich. Sie sind eine unglaublich vielseitige Zutat und können für herzhafte Fleischgerichte wie auch Süßspeisen verwendet werden.

BAOBAB sind die Kapselsamen des Baobabbaums. Wegen ihres erfrischenden Geschmacks sind Baobabfrüchte ein beliebter Snack in Nigeria. Für den Export werden sie meist getrocknet und gemahlen. Das überaus nährstoffreiche Pulver ist in Europa in Biomärkten oder Reformhäusern erhältlich. Die Blätter des Baums werden zum Würzen von Suppen und Eintöpfen eingesetzt.

SELIMPFEFFER stammt aus Westafrika und wird häufig für Suppen und Eintöpfe genutzt. Die Schoten erinnern an kurze, dicke, gekrümmte Vanillestangen. Die kastanienbraunen Samen im Innern haben ein zitronig-holziges Aroma, das unter anderem in der Marinade des beliebten nigerianischen Streetfoods Suya enthalten ist.

CAROB sind die getrockneten und gemahlenen Schotenfrüchte des tropischen Johannisbrotbaums.

MORINGA ist ein Baum, der im Norden von Nigeria kultiviert wird. Die Blätter werden vor allem in Suppen verwendet oder getrocknet und gemahlen. Das Pulver hat ein scharf-würziges Aroma mit nussigen Noten.

PALMSAFT, -WEIN UND -ESSIG werden aus dem Saft der Zuckerpalme gewonnen, der innerhalb weniger Stunden zu einem Wein mit geringem Alkoholgehalt vergärt. Bei längerer Gärung wird Essig daraus.

ROTES PALMÖL mit seinem süßlichen Aroma hat eine Konsistenz wie Kokosöl. In Westafrika wird es nachhaltig produziert und in seiner Rohform verwendet. Versuchen Sie also auch, ein Produkt aus nachhaltig fairem Anbau zu finden. Als Ersatz können Sie jedes andere Öl verwenden.

KOLANÜSSE sind wesentlicher Bestandteil des gleichnamigen Softdrinks. Die rotbraune Nuss enthält viel Koffein und schmeckt bitter, weshalb sie oft mit Zucker kombiniert wird. In der Igbo-Kultur wird sie meist ganz verzehrt und gilt als Zeichen der Gastfreundschaft.

GARRI besteht aus getrockneter, grob gemahlener Maniokwurzel und wird für die Zubereitung von Eba (s. S. 29) benötigt oder mit Wasser zu Brei gemischt, der mit etwas Zucker bestreut zum Frühstück serviert wird.

BOHNENMEHL wird in Nigeria aus den getrockneten Kernen der braunen Honigbohne hergestellt. Das Mehl wird allgemein für die Zubereitung von Moin Moin (s. S. 65) oder Akara (Bohnenkrapfen, s. S. 63) verwendet.

ATAMA ist eine krautige Pflanze mit Lakritzaroma. Sie kann durch Estragon ersetzt werden. Atamablätter können frisch oder getrocknet verwendet werden.

Früchte und Gemüse

PAPRIKASUPPE

Obe Ata (Yoruba)

Ein Buch über nigerianische Küche ohne Obe Ata geht gar nicht. *Obe* bedeutet auf Yoruba »Suppe« und *ata* »Pfeffer«. In Nigeria werden die Zutaten für eine Suppe meistens erst püriert, dann in Öl angebraten und schließlich mit einer aromatischen Brühe aufgefüllt. So behält das Gemüse seine leuchtende Farbe, ob sattes Rubinrot, strahlendes Goldgelb oder leuchtendes Smaragdgrün. Die Suppen sind außerdem nicht nur was fürs Auge, sondern auch für die Geschmacksnerven. Diese Suppe ist recht pikant, würzen Sie deshalb vorsichtig mit Chili oder lassen Sie es ganz weg. Servieren Sie diese Suppe mit Agege-Brot (s.S. 152), einer Reiseinlage oder mit Okele (s.S. 28).

ZUBEREITUNG: 10 MIN.
GARZEIT: 20 MIN.
FÜR 4 PERSONEN

2 große rote Paprikaschoten, entkernt und in Stücke geschnitten
2 große Tomaten, halbiert
2 weiße Zwiebeln, halbiert
2 Stangen Staudensellerie, in Stücke geschnitten (nach Belieben)
1 Stück Ingwer (4 cm), geschält und fein gehackt (nach Belieben)
2 EL Palmöl (oder Kokosöl)
200 ml Rinder-, Hühner- oder Gemüsebrühe
1 TL Knoblauchgranulat
½ gemahlene Gewürznelke
1 TL Carobpulver (nach Belieben)
2 scharfe Chilischoten (z.B. Scotch Bonnet), entkernt und fein gehackt
Salz, schwarzer Pfeffer und Cayennepfeffer
Erdnussöl, zum Servieren

Paprika, Tomaten, Zwiebeln sowie nach Belieben Sellerie und Ingwer mit 100 ml Wasser im Mixer zu einem relativ glatten Püree verarbeiten. Gegebenenfalls portionsweise arbeiten.

Das Öl in einem großen Topf bei mittlerer Hitze zerlassen. Das pürierte Gemüse zugießen und bei mittlerer bis starker Hitze etwa 5 Minuten köcheln lassen, bis es ein kräftiges Dunkelrot angenommen hat.

Die Brühe aufkochen und Knoblauchgranulat, Gewürznelke und Carobpulver, falls verwendet, zufügen und alles kurz aufkochen lassen. Die Mischung unter die Gemüsemischung rühren. Nach Geschmack Chili zufügen. Mit Salz, schwarzem Pfeffer und Cayennepfeffer abschmecken. Bei geschlossenem Deckel alles zum Kochen bringen. Dann die Hitze reduzieren und die Suppe 10 Minuten köcheln und eindicken lassen. Die Säure von Tomate und Paprika sollte sich nun verflüchtigt haben, sodass die Suppe ein fast süßliches Aroma entfaltet.

Die Suppe in vier Schalen füllen und mit etwas Erdnussöl beträufelt servieren.

HINWEISE

Weil die Suppe in Nigeria gern gegessen wird, püriert man oft gleich die doppelte oder dreifache Gemüsemenge und friert sie portionsweise ein. Das Gemüsepüree kann direkt aus dem Gefrierfach mit Brühe und Gewürzen in einen Topf gegeben und erhitzt werden. Außerdem ist es sehr üblich, die Suppe mit einer Proteinquelle zu einem Eintopf aufzuwerten. Besonders beliebt sind Hähnchenkeulen, fester weißer Fisch oder gewürfeltes Rindfleisch und Kutteln.

EGUSI-SUPPE

Obe Egusi (Yoruba)

Dies ist definitiv eine der beliebtesten Suppen in ganz Nigeria und dementsprechend häufig kommt sie auf den Tisch – ein echter Klassiker. Es gibt unzählige Varianten, ob leicht und frisch oder dick und cremig, und auch die Zubereitungsarten sind sehr unterschiedlich. Hier kommt also meine Version. Egusi-Kerne sind die weißen Kerne in Kürbissen oder Melonen. Auch wenn sie kaum duften, so haben sie ein tolles nussiges Aroma – Mandeln nicht unähnlich – und sind ein prima Bindemittel. Wenn Sie kein Palmöl auftreiben können, verwenden Sie Kokos- oder Erdnussöl, wenngleich das ursprüngliche Aroma der Suppe dadurch verändert wird.

ZUBEREITUNG: 10 MIN.
GARZEIT: 25 MIN.
FÜR 4 PERSONEN

200 g gemahlene Egusi-Kerne oder Mandeln
1 Hühnerbrühwürfel, zerbröselt
2 EL Palmöl
1 rote Zwiebel, in feine Scheiben geschnitten
1 EL Tomatenmark
2 scharfe Chilischoten, entkernt und fein gehackt
1 TL Zwiebelgranulat
1 TL Selleriesalz
½ TL gemahlener Ingwer
¼ TL gemahlene Gewürznelken
1 EL Carobpulver
2 EL Kokos Aminos (Würzsauce, erhältlich im Internet) oder 2 TL Garnelenpaste (erhältlich im Asiamarkt)
Salz
100 g junge Spinatblätter, grob gehackt (nach Belieben)

Die gemahlenen Egusi-Kerne 4–5 Minuten in einer Pfanne trocken rösten, bis sie leicht gebräunt sind. In eine Schüssel füllen. Den Brühwürfel mit 600 ml Wasser unterrühren, sodass eine breiartige Masse entsteht. Beiseitestellen.

Das Palmöl in einem großen Topf bei schwacher bis mittlerer Hitze zerlassen. Die Zwiebel mit dem Tomatenmark darin 6 Minuten weich andünsten. Die Egusi-Mischung zufügen und gut rühren, sodass eine milchig gelbe Masse entsteht. Chili, Zwiebelgranulat, Selleriesalz, Ingwer, Gewürznelke, Carobpulver und Kokos Aminos einrühren. Bei Bedarf salzen und die Suppe 10 Minuten köcheln lassen, bis sie eingedickt ist und kleine Egusi-Klümpchen sichtbar werden. Nach den ersten 5 Minuten nach Belieben den Spinat unterheben und zusammenfallen lassen.

Den Herd ausschalten und die Suppe vor dem Servieren weitere 5 Minuten ziehen lassen.

ATA-SALAT

Ein ganz einfacher und richtig erfrischender Salat! Ich bin immer wieder überrascht, wie aromatisch er ist, obwohl er nur sehr wenige Zutaten enthält. Er ist quasi die Rohversion der Paprikasuppe (Obe Ata, s. S. 17) und schmeckt am besten, wenn's draußen richtig heiß ist und man eh keine Lust hat, am Herd zu stehen. In Nigeria gelten Salate in der Regel nicht als Hauptmahlzeit, darum serviere ich diesen Salat meinen Gästen als Vorspeise. Wenn er etwas sättigender sein soll, reichern Sie ihn mit etwas gewürztem Reis oder Hirse an.

ZUBEREITUNG: 10 MIN.
FÜR 4 PERSONEN ALS VORSPEISE

2 große rote Paprikaschoten, entkernt und gewürfelt
325 g Datteltomaten, geviertelt
½ kleine rote Zwiebel, fein gehackt
4 Stangen Staudensellerie, gehackt
1 Stück Ingwer (4 cm), geschält und gerieben
Erdnussöl, zum Beträufeln
¼ TL zerstoßene Chiliflocken, zum Abschmecken
Salz und schwarzer Pfeffer

Paprika, Tomaten, Zwiebel, Sellerie und Ingwer in einer Schüssel mischen. Mit Erdnussöl beträufeln und vermengen. Mit Chiliflocken, Salz und Pfeffer abschmecken.

Den Salat auf Tellern anrichten und servieren.

OKRA-MANGO-SALAT

Im Internat in Nigeria gingen wir an den Wochenenden ins Schwimmbad oder machten anderen Sport, bevor wir eine kleine Nachmittagssiesta einlegten und dann frische Papaya oder Mango aßen, die wir von Bäumen auf dem Campus pflückten. Da wir keine Messer hatten, um die Früchte zu schälen und zu würfeln, legten wir sie einfach in die Hand, zogen die Schale mit den Zähnen ab und bissen ins saftig-süße Fruchtfleisch. Dieser Salat erinnert mich an diese Zeit und enthält meine liebsten Kräuter und Gemüsesorten, die es in Nigeria gibt, zu denen auch Atama gehört. In Europa findet man es am ehesten in afrikanischen oder karibischen Lebensmittelgeschäften oder im Internet. Mit seinem feinen Süßholzaroma ist Estragon ein guter Ersatz.

ZUBEREITUNG: 10 MIN.
GARZEIT: 5 MIN.
FÜR 4 PERSONEN

FÜR DAS DRESSING
- **6 EL Kokosblütensirup (oder Honig)**
- **2 EL frisch gepresster Zitronensaft**
- **2 TL zerstoßene Chiliflocken**

- **2 TL Kokosöl**
- **350 g Okraschoten, in Stücken**
- **1 kleine rote Zwiebel, fein gehackt**
- **1 EL frische Atamablätter (oder Estragon), fein gehackt**
- **2 kleine Mangos (oder Papayas)**

Für das Dressing alle Zutaten in einer Schale verrühren.

Das Kokosöl in einer Pfanne bei mittlerer bis starker Hitze zerlassen. Die Okraschoten darin etwa 3 Minuten braten. Sie sollten noch etwas Biss haben, wenn sie zu lang erhitzt werden, werden sie schleimig. Das Dressing zufügen, alles vermengen und abkühlen lassen.

Zwiebel und Atamablätter in einer großen Schüssel mischen.

Die Mangos schälen. Das Fruchtfleisch zu beiden Seiten des Steins abschneiden und in feine Scheiben schneiden. Letzte Fruchtfleischreste ebenfalls in Scheiben vom Stein schneiden. (Bei der Verwendung von Papayas die Früchte längs halbieren und die Kerne herauslösen. Dann das Fruchtfleisch aus der Schale lösen und in feine Scheiben schneiden.)

Vor dem Servieren die Zwiebelmischung gleichmäßig auf vier Teller verteilen. Früchte und Okraschoten darauf anrichten. Mit den Dressingresten aus der Pfanne beträufeln und alles vermengen.

WASSERMELONENSALAT MIT GURKE

Natürlich war es die überwiegende Zeit in Nigeria sehr warm, aber an richtig heißen Tagen kaufte meine Großmutter Wassermelonen und Gurken, schnitt sie klein und gab sie in den Gefrierschrank. In Europa sind die Temperaturen wirklich selten so hoch, dass ich diesen Salat zubereite, aber wenn doch, fühle ich mich sofort wieder nach Nigeria versetzt und erinnere mich daran, wie wunderbar erfrischend dieser gefrostete Salat ist.

ZUBEREITUNG: 15 MIN. PLUS TIEFKÜHLZEIT
GARZEIT: 10 MIN.
FÜR 4 PERSONEN

1 kleine Wassermelone
2 Salatgurken
50 g Egusi-Kerne
1 Stück Ingwer (4 cm), geschält und gerieben

FÜR DAS INGWER-DRESSING
3 EL Erdnussöl
1 EL frisch gepresster Zitronensaft
1 EL Kokosblütensirup (oder Honig)
2 EL Reisdrink
1 TL gemahlener Ingwer
½ TL zerstoßene Chiliflocken

Die Wassermelone halbieren und entkernen. Falls vorhanden, das Fruchtfleisch mit einem Kugelausstecher herauslösen. Alternativ die Hälften noch einmal durchschneiden. Das Fruchtfleisch mehrmals bis zur Schale einschneiden und mit einem Löffel von der Schale lösen. Die Stücke mit einem Messer in kleinere Scheiben schneiden. Beiseitelegen. Die Gurken schälen und längs halbieren. Die Kerne mit einem Teelöffel herausschaben. Das Fruchtfleisch in Scheiben schneiden.

Wassermelonenkugeln oder -scheiben und Gurken auf zwei Blechen verteilen, sodass sich die Stücke nicht berühren. Mit Frischhaltefolie abdecken und 2–3 Stunden tiefkühlen. Wenn's schneller gehen soll, die Zutaten mindestens 1 Stunde im Kühlschrank kühlen.

Inzwischen für das Dressing alle Zutaten in einer Schale vermischen und beiseitestellen.

Die Egusi-Kerne in einer kleinen Pfanne bei schwacher Hitze etwa 5 Minuten rösten, bis sie leicht gebräunt sind und zu knacken beginnen. Auf einen Teller geben.

Wenn Wassermelone und Gurken fest gefroren sind, in eine große Schüssel geben und mit dem geriebenen Ingwer vermengen.

Den Salat auf vier Servierschalen verteilen. Dressing und Egusi-Kerne separat dazu reichen, sodass sich jeder nach seinem Geschmack selbst bedienen kann.

FENCHEL-MANGO-SALAT

Fenchel ist nicht gerade die allertypischste nigerianische Zutat, aber ich verwende ihn gerne für diesen Salat, weil die Textur so toll mit der Mango kontrastiert. Das Dressing wird mit Egusi-Kernen zubereitet, die sonst eigentlich eher zum Verfeinern und Eindicken von Suppen verwendet werden, wie in der Egusi-Suppe (Obe Egusi, s. S. 18). Sie können das Dressing auch mit Kürbiskernen oder gemahlenen Mandeln zubereiten, auch wenn das Aroma dann etwas anders ist – aber immer noch lecker.

ZUBEREITUNG: 15 MIN.
GARZEIT: 5 MIN.
FÜR 4 PERSONEN

FÜR DAS GRAPEFRUIT-EGUSI-DRESSING

- Saft von ½ Pink Grapefruit
- 4 EL Kokosblütensirup (oder Honig)
- 1 Schalotte, fein gehackt
- 1 EL gemahlene Egusi-Kerne oder gemahlene blanchierte Mandeln
- ½ TL Salz
- 4 EL Erdnussöl

- 2 Fenchelknollen
- 2 Mangos, geschält, Fruchtfleisch vom Stein und in Scheiben geschnitten

Für das Dressing alle Zutaten in einer Schüssel verrühren und beseitestellen.

Wasser in einem großen Topf zum Kochen bringen. Die Stielansätze von den Fenchelknollen abtrennen. Die Fenchelknollen halbieren und den Strunk herausschneiden. Die Hälften in feine Scheiben schneiden und 3 Minuten im kochenden Wasser blanchieren. Das Wasser abgießen und den Fenchel unter fließendem kaltem Wasser abschrecken, dann abtropfen lassen. Fenchel und Mango in einer großen Schüssel mischen.

Vor dem Servieren den Salat mit dem Dressing vermengen. Auf Tellern anrichten und sofort servieren.

HASSELBACK-KOCHBANANEN MIT PILZEN

Ogede Inakuna (Yoruba)

Früher gab es bei uns so oft Kochbananen, dass sie schon fast zum Kücheninventar gehörten. Ich konnte aber auch wirklich nie genug davon kriegen. Meine Mutter trennte die Enden ab, schälte sie, schnitt sie in dünne Scheiben und briet sie in Öl – so wie ich sie besonders gern mag: die perfekte Mischung aus fluffiger Kartoffel und süßer Banane. Als ich selbst begann, Kochbananen zuzubereiten, stand ich die ersten Male immer da wie ein römischer Legionär vor einem Kampf – Pfannenwender in der einen Hand, Pfannendeckel in der anderen –, und natürlich verwendete ich immer zu viel Öl und überreife Kochbananen. Aber bald hatte ich den Dreh raus. Seitdem habe ich viel mit dieser wandelbaren Zutat experimentiert: In diesem Rezept habe ich eine klassische Zubereitungsart für Kartoffeln einfach auf Kochbananen übertragen.

ZUBEREITUNG: 15 MIN.
BACKZEIT: 35 MIN.
FÜR 4 PERSONEN

FÜR DIE HASSELBACK-KOCHBANANEN
- 2 EL Kokosöl
- 4 gelbe Kochbananen, geschält und halbiert
- 1 EL Garri
- 4 TL Zwiebelgranulat
- 2 TL getrockneter Thymian
- Salz und schwarzer Pfeffer
- blanchierter Grünkohl, zum Servieren

FÜR DIE PILZE
- 1 EL Palmessig (oder Weißweinessig)
- 4 EL Erdnussöl
- ½ TL Knoblauchgranulat
- ½ TL gemahlener Ingwer
- ½ TL Paprikapulver
- 1 TL geröstetes Erdnussmehl
- Körner von 2 Selimpfefferschoten (nach Belieben)
- 4 Portobello-Pilze (große, flache Champignons)

Den Backofen auf 180 °C vorheizen. Das Kokosöl in eine Bratform geben und im Ofen zerlassen.

Von den Kochbananen längs eine sehr feine Scheibe abschneiden, damit sie beim Schneiden und Backen besser liegen bleiben. Die Kochbananen auf der anderen Seite in regelmäßigen Abständen von ein paar Millimetern etwa bis zur Hälfte einschneiden.

Die Kochbananen in die Bratform setzen. Mit dem heißen Kokosöl bestreichen und mit Garri, Zwiebelgranulat und Thymian bestreuen. Salzen und pfeffern. Im vorgeheizten Ofen 30 Minuten backen. Dabei regelmäßig kontrollieren. Wenn die Kochbananen zu schnell bräunen, locker mit einem Stück Alufolie abdecken. Wenn sie goldbraun und weich sind, aus dem Ofen nehmen.

Für die Pilze alle Zutaten bis auf die Pilze in einer Schüssel verrühren und die Pilze von beiden Seiten damit bestreichen. Eine Pfanne bei mittlerer Hitze auf den Herd setzen und die Pilze darin 2–3 Minuten von jeder Seite weich braten. Mit den Kochbananen auf Servietellern anrichten. Mit der restlichen Marinade beträufeln und sofort mit Grünkohl servieren.

OKELE

Okeles gehören zu den Lieblingsgerichten der meisten Nigerianer, und in gewisser Weise ist Okele die westafrikanische Antwort auf Pasta. *Okele* bedeutet so viel wie »schlucken«, ganz einfach, weil es nicht gekaut werden muss, vielmehr lässt man es im Mund zergehen und schluckt es dann hinunter.

Ein Okele wird zunächst ähnlich wie ein Brandteig zubereitet, wird anschließend aber gedämpft. Durch das wiederholte Dämpfen und Rühren passiert zweierlei: Zum einen wird das Okele durchgegart und entwickelt sein typisches Aroma, sodass es nicht wie eine Mehlpampe schmeckt. Zum andern denaturiert die Stärke und verleiht dem Okele seine charakteristische elastische, klebrige Konsistenz.

Die gängigsten Zutaten für Okele sind Reis, Yams, Maniok oder Kochbananen, und es gibt zwei Varianten: Fufu (die beliebtere) und Amala, das sich im Wesentlichen durch die Verarbeitung der Grundzutaten von Fufu unterscheidet. Fufu ist meist weiß oder weißlich; die Konsistenz hängt von der verwendeten Wassermenge ab. Für weiches Fufu ist das Verhältnis Flüssigkeit zu Mehl etwa 4:1. Die Farbe von Amala reicht von senfgelb bis graubraun.

Pur schmeckt Okele recht fad, weshalb es in Nigeria sehr gern zu Eintöpfen serviert wird, die den Geschmack zur Geltung bringen. Traditionell nimmt man erst etwas Okele mit den Fingern auf und rollt es zu einer Kugel und tunkt es dann in die Suppe. Okeles können recht üppig sein, weshalb man sie am besten schon mittags und nicht erst am Abend isst.

Hier sind zwei meiner Rezepte. Eba ist das einfachste und schnellste Okele und in Nigeria ein Alltagsgericht – ideal, wenn es gut und günstig sein soll oder man Lust auf etwas hat, das Magen und Seele wärmt. Eba wird aus getrocknetem Maniok (Garri) zubereitet, der einen säuerlichen Geschmack hat und grobkörnig ist, darum ist die Textur von Eba nicht so glatt ist wie die anderer Okeles. Aufgrund der Verwendung von Garri ist Eba technisch gesehen ein Amala, hat aber eher die Farbe von Fufu. Für mich ist es irgendwas dazwischen. Am besten schmeckt Eba zu Paprikasuppe (Obe Ata, s. S. 17) und Fischsuppe mit Okraschoten (Obe Ila, s. S. 76, Abb. nächste Doppelseite).

Amala Isu, also Yams-Amala, ist das Lieblings-Okele meiner Großmutter und scheint in Nigeria vor allem bei den älteren Generationen beliebt zu sein. Laut meiner Oma liege es daran, dass man dafür erst eine Zunge entwickeln müsse und man sei erst erwachsen, wenn man Yams-Amala zu schätzen wisse. Meine Oma würde es bei meiner Zubereitungsmethode vermutlich schütteln, aber sie ist eben auch für Anfänger geeignet. Servieren Sie das Amala zu meinem Lammschmortopf mit Spinat (Efo Riro, s. S. 137) und Egusi-Suppe (Obe Egusi, s. S. 18) oder traditionell zu Bohnensuppe (Obe Gbegiri, s. S. 44).

EBA

ZUBEREITUNG: 5 MIN.
GARZEIT: 15 MIN.
FÜR 4 PERSONEN

2 EL Kokosöl (nach Belieben)
200 g Garri

Zunächst die Suppe anhand eines der Rezepte auf den angegebenen Seiten zubereiten. Etwa 1 l Wasser zum Kochen bringen.

400 ml kochendes Wasser in einen großen Topf füllen und bei mittlerer bis starker Hitze auf den Herd setzen. Nach Belieben das Kokosöl zufügen. Wenn es geschmolzen ist, das Garri unter kräftigem Rühren einstreuen.

Wenn das Garri das Wasser aufzunehmen beginnt, die Hitze reduzieren. Den Topf zum Körper neigen und das Eba mit einem Holzlöffel kräftig rühren, bis es eindickt und glasig wird. Weitere 400 ml kochendes Wasser zugießen und bei geschlossenem Deckel 3–4 Minuten dämpfen. Das Eba wie beschrieben wieder kräftig rühren, bis keine Klümpchen mehr sichtbar sind. Es sollte weich und klebrig sein, auf Fingerdruck aber elastisch nachgeben.

Das Eba in vier Portionen teilen. Jeweils in Frischhaltefolie einschlagen und etwas abkühlen lassen. Dann die Frischhaltefolie entfernen und das Eba mit befeuchteten Händen zu Kugeln formen. Zur dampfend heißen Suppe servieren.

AMALA ISU

ZUBEREITUNG: 10 MIN.
GARZEIT: 40 MIN.
FÜR 4 PERSONEN

400 g Yamsmehl, gesiebt
2 EL Kokosöl (nach Belieben)

Zunächst die Suppe anhand eines der Rezepte auf den angegebenen Seiten zubereiten. Etwa 500 ml Wasser zum Kochen bringen.

Die Hälfte des Yamsmehls mit 600 ml kaltem Wasser verrühren, bis die Masse eine teigartige Konsistenz hat.

Das Kokosöl nach Belieben in einem großen Topf bei mittlerer bis starker Hitze zerlassen. Den Amala-Teig zufügen und 10 Minuten rühren, bis die Masse eingedickt ist. Die Masse gleichmäßig mit einem Kochlöffelstiel eindrücken und 200 ml kochendes Wasser zugießen, sodass alle Mulden gefüllt sind. Bei aufgesetztem Deckel 5 Minuten dämpfen. Die Masse mit einem Holzlöffel 3 Minuten kräftig rühren, bis die Masse eingedickt, glatt und hellbraun ist. Das Amala halbieren und jeweils in Frischhaltefolie einschlagen. Den Vorgang mit dem restlichen Yamsmehl wiederholen.

Die Frischhaltefolie entfernen und das Amala mit befeuchteten Händen zu Kugeln formen. Zur dampfend heißen Suppe servieren.

KOCHBANANENPÜREE MIT INGWERMAIS UND OKRASAUCE

Wenn ich eigentlich Appetit auf Okele habe, aber nicht so viel Aufwand betreiben möchte, mache ich ein Püree. Kochbananenpüree ist süß, leicht und samtig. In diesem Rezept habe ich es mit Ingwer, aromatisiertem Mais und einer Sauce aus Okraschoten kombiniert. Unverzichtbar für dieses Gericht ist Kreuzkümmel, der überhaupt viel in der afrikanischen und karibischen Küche verwendet wird, gern auch in Currymischungen. Ich liebe seine erdigen Aromen, die die milde Süße der Kochbananen perfekt ergänzen. Servieren Sie dieses Gericht allein oder zu Mamas Hähnchenkeulen (s. S. 112).

ZUBEREITUNG: 15 MIN.
GARZEIT: 25 MIN.
FÜR 4 PERSONEN

FÜR DIE SAUCE
1 EL Kokosöl
8 Okraschoten, abgewischt und klein geschnitten
3 Champignons, klein geschnitten
1 EL Weizenmehl
250 ml Gemüsebrühe
Salz und schwarzer Pfeffer

FÜR DEN MAIS
4 kleine Maiskolben (oder 2 halbierte Maiskolben)
1 EL Kokosöl, zerlassen
2 TL gemahlener Ingwer
1 TL geriebene Muskatnuss
Salz und Pfeffer

3 gelbe Kochbananen, geschält und halbiert
100 ml Reisdrink
2 EL Kokosöl
1 TL Zwiebelgranulat
1 TL Knoblauchgranulat
1 TL gemahlene Kurkuma
1 TL gemahlener Kreuzkümmel
¼ TL Cayennepfeffer
Granatapfelkerne, zum Servieren (nach Belieben)

Für die Sauce das Kokosöl in einem Topf bei mittlerer Hitze zerlassen. Okraschoten und Pilze darin 5 Minuten braten. Mit dem Mehl bestäuben. Die Gemüsebrühe nach und nach unter kräftigem Rühren hinzugießen. Die Hitze auf schwache bis mittlere Stufe reduzieren und die Sauce 10 Minuten einkochen lassen. Mit Salz und Pfeffer abschmecken.

Inzwischen Wasser in einem großen Topf zum Kochen bringen und die Maiskolben hineingeben. Die Hitze reduzieren und den Mais 8 Minuten gar ziehen lassen. Das Kokosöl in einer großen Schüssel mit Ingwer und Muskat verrühren. Salzen und pfeffern. Den Mais mit einer Küchenzange aus dem Wasser nehmen, kurz abtropfen lassen und im Würzöl wenden.

Die Kochbananen in einem großen Topf mit kochendem Salzwasser 10 Minuten garen. Wenn sie hellgelb sind und sich leicht mit einer Gabel einstechen lassen, das Wasser abgießen und die Kochbananen mit einer Gabel oder einem Kartoffelstampfer zerdrücken. Den Topf wieder auf den Herd setzen und das Kochbananenpüree mit Reisdrink, Kokosöl, Zwiebel- und Knoblauchgranulat, Kurkuma, Kreuzkümmel und Cayennepfeffer sorgfältig verrühren.

Das Püree mit dem Mais auf Serviertellern anrichten. Mit der Okrasauce überziehen und nach Belieben mit Granatapfelkernen garnieren. Sofort servieren.

AMALA-CRACKER MIT ZWIEBELN

Ich verwende gerne Yamsmehl, um Cracker, Klöße oder Amala (s. S. 28) zuzubereiten, auch wenn es einen leicht bitteren Nachgeschmack haben kann. Deshalb ist es wichtig, es mit einem kontrastierenden Aroma zu würzen. Mit einer Flüssigkeit vermischt kann das Mehl farblich von weißlich bis hellbraun reichen, was eine schöne Farbe für Cracker ist. Die Zubereitung dieser einfachen Cracker ist nicht viel aufwendiger, als zum Supermarkt zu gehen und dort welche zu kaufen. Noch dazu schmecken sie viel besser, vor allem in Begleitung von den würzigen Zwiebelringen.

ZUBEREITUNG: 25 MIN. PLUS KÜHLZEIT
GARZEIT: 25 MIN.
ERGIBT: 12–16 CRACKER

- 200 g Yamsmehl
- 1 TL Zwiebelgranulat
- ½ TL getrockneter Thymian
- ½ TL Salz
- 1 EL Kokosöl, zerlassen
- 1 Ei (Klasse L)
- grobes Meersalz, zum Bestreuen

FÜR DIE ZWIEBELRINGE

- 2 EL Erdnussöl
- 1 weiße Zwiebel, in feine Ringe geschnitten
- 1 rote Zwiebel, in feine Ringe geschnitten
- 1 Schalotte, fein gehackt
- 2 Knoblauchzehen, fein gehackt
- 1 TL gemahlener Ingwer
- 1 TL gemahlene Kurkuma
- 2 TL Carobpulver
- 1 scharfe Chilischote, entkernt und gehackt

Den Backofen auf 180 °C vorheizen.

Das Mehl in einer großen Schüssel mit Zwiebelgranulat, Thymian und Salz vermengen. Kokosöl, Ei und 1 TL Wasser in einer Schüssel verquirlen. Die Eiermischung sorgfältig in das Yamsmehl einarbeiten. Von Hand zu einem feuchten, klebrigen Teig kneten.

Den Teig zwischen zwei Bögen Backpapier 2 mm dick ausrollen. Das obere Backpapier vorsichtig abziehen. Die Teigplatte an den Kanten begradigen und in etwa 8 x 5 cm große Rechtecke schneiden. Mit grobem Meersalz bestreuen.

Die Cracker mit dem Backpapier auf ein Backblech heben und im vorgeheizten Ofen etwa 12 Minuten knusprig braun backen. 30 Minuten abkühlen lassen.

Inzwischen das Erdnussöl in einer Pfanne erhitzen. Zwiebeln, Schalotte und Knoblauch darin bei mittlerer Hitze 10 Minuten weich dünsten. Ingwer, Kurkuma und Carobpulver einrühren. Die Chili untermischen und einige Minuten weitergaren. Die Pfanne vom Herd nehmen und abgedeckt warm halten.

Die Cracker an den Schnittlinien auseinanderbrechen und mit dem Zwiebel-Topping servieren.

NIGERIANISCHES OFENGEMÜSE

Auf die Sonntagsbraten meiner Mutter freute ich mich immer am meisten. Ab und an gab sie noch etwas Gemüse mit in die Bratform. Mein Lieblingsgemüse waren Kartoffeln, weil sie außen wunderbar knusprig und innen weich waren. Ich konnte mir nichts Fluffigeres vorstellen – bis zu dem Tag, an dem sie statt Kartoffeln Yams verwendete. Wenn ich während meines Studiums die Energie hatte, zum afrikanischen Laden am anderen Ende der Stadt zu gehen, kaufte ich immer Gemüse, das es in normalen Supermärkten nicht gab oder viel teurer war, und verarbeitete es. Die Sonntage waren sehr ruhig, und oft kam bei mir Heimweh auf. Aber mit diesem Gericht fühlte ich mich mit meinem Zuhause verbunden.

ZUBEREITUNG: 20 MIN.
BACKZEIT: 50 MIN.
FÜR 4 PERSONEN

¼ große Puna-Yamswurzel, geschält und in Stücke geschnitten
2 rote Zwiebeln, geviertelt
4 EL Kokosöl, zerlassen
Salz und Cayennepfeffer
4 große Tomaten, geviertelt
16 Okraschoten, längs halbiert
3 Afrikanische Auberginen (s. S. 10) oder 1 kleine Aubergine, in 1 cm dicke Scheiben geschnitten
1 gelbe Kochbanane, geschält, in diagonale Scheiben geschnitten
1 rote Paprikaschote, entkernt und in Stücke geschnitten
1 grüne Paprikaschote, entkernt und in Stücke geschnitten
2 TL Thymian
Paprikasuppe (Obe Ata, s. S. 17), zum Servieren

Den Backofen auf 200 °C vorheizen. Wasser in einem großen Topf zum Kochen bringen. Die Yams darin 5 Minuten kochen. Das Wasser abgießen.

Die Yams mit den Zwiebeln in eine große Schüssel geben. Mit 2 EL Kokosöl beträufeln. Mit Salz und Cayennepfeffer würzen. Auf einem Backblech verteilen und mit Alufolie abdecken. In der unteren Hälfte des vorgeheizten Ofens 25 Minuten garen, bis die Yams so weich ist, dass sie sich mit einem Messer einstechen lässt.

Inzwischen Tomaten, Okraschoten, Auberginen, Kochbanane und Paprika mit dem restlichen Kokosöl und Thymian in der Schüssel vermengen. Leicht mit Salz und Cayennepfeffer würzen. Das Gemüse auf einem zweiten Blech verteilen, sodass es nicht überlappt.

Die Alufolie von Yams und Zwiebeln entfernen und das Gemüse weitere 20–25 Minuten rösten, bis es schön gebräunt und knusprig ist. Gleichzeitig das Blech mit dem restlichen Gemüse in den Ofen schieben und 10–12 Minuten rösten. Wenden und weitere 10–12 Minuten garen, bis es weich ist.

Das Gemüse sofort mit Paprikasuppe (Obe Ata) servieren.

HINWEIS

Sie können die Yamswurzel auch 10 Minuten in kochendem Salzwasser vorgaren. Dann müssen sie nur noch 30 Minuten im Ofen knusprig braun gegart werden.

SÜSSKARTOFFELN MIT ESTRAGONDRESSING

In Nigeria sind weißfleischige Süßkartoffeln am häufigsten anzutreffen. In der Regel werden sie gekocht und mit Eiern serviert oder landen in Eintöpfen, um ihnen mehr Fülle zu geben. In Europa sind sie manchmal in Supermärkten, vor allem aber in afrikanischen oder asiatischen Lebensmittelgeschäften zu finden. Ich liebe ihre fluffige, weiche Textur und hatte keine Ahnung, wie gut sie mit Estragon harmonieren, bis ich dieses Dressing ausprobiert hatte.

ZUBEREITUNG: 15 MIN.
GARZEIT: 30 MIN.
FÜR 4 PERSONEN

- **Erdnussöl, zum Braten**
- **8 kleine weißfleischige Süßkartoffeln, geschält und gewürfelt**
- **2 große orangefleischige Süßkartoffeln, geschält und gewürfelt**
- **4 TL gemahlene Gewürznelken**
- **4 TL Zwiebelgranulat**
- **Salz und weißer Pfeffer (oder, falls nicht vorhanden, schwarzer Pfeffer)**
- **Zitronensaft, zum Servieren**

FÜR DAS DRESSING

- **80 ml Kokoscreme**
- **1½ EL Palmessig (oder Weißweinessig)**
- **2 EL Erdnussöl**
- **2 TL geriebene Muskatnuss**
- **½ rote Zwiebel, fein gehackt**
- **1 EL fein gehackter frischer Estragon**

Den Backofen auf 180 °C vorheizen. Erdnussöl 2 cm hoch in eine große Bratform füllen und im Ofen heiß werden lassen.

Die Süßkartoffeln 7 Minuten in einem großen Topf mit kochendem Salzwasser garen, bis sie sich mit einer Gabel einstechen lassen.

Inzwischen gemahlene Gewürznelken und Zwiebelgranulat in einer Schale vermengen. Salzen und pfeffern.

Das Wasser abgießen und die Süßkartoffeln abtropfen lassen. Mit der Gewürzmischung würzen. Die Bratform aus dem Ofen nehmen. Die Süßkartoffeln hineingeben und 10 Minuten im Ofen garen, wenden und weitere 10 Minuten garen, bis sie leicht gebräunt sind.

Für das Dressing kurz vor Ende der Garzeit Kokoscreme, Essig, Erdnussöl und Muskat in einer Schale verrühren. Zwiebel und Estragon zufügen.

Die Süßkartoffeln mit etwas Zitronensaft beträufeln und sofort mit dem Dressing servieren.

ONKEL YOMIS OMELETT MIT YAMSWURZEL

Ich habe noch nie jemanden erlebt, der Eier mit so viel Gefühl zubereitet wie mein Onkel Yomi. Er schiebt sie vorsichtig mit einem Holzlöffel von einer Pfannenseite zur anderen, fast wie bei einem langsamen Tanz. Omelett aßen wir in unserer Familie sehr gerne, oft mit in Zuckerwasser gegarter Yamswurzel. Und weil das so war, fühlte sich mein Onkel berufen, mindestens zwei Portionen Omelett zuzubereiten. Deshalb haben wir eine neue Methode entwickelt, bei der die zweite Portion im Ofen mit den Yams gart, sodass er sein Essen genießen kann, ohne dass es kalt wird.

ZUBEREITUNG: 20 MIN.
GARZEIT: 50 MIN.
FÜR 4 PERSONEN

- **½ Puna-Yamswurzel**
- **2 EL Erdnussöl, plus mehr zum Bestreichen**
- **½ rote Zwiebel, in feine Streifen geschnitten**
- **2 große Tomaten, halbiert und in feine Scheiben geschnitten**
- **1 scharfe Chilischote, entkernt und in feine Streifen geschnitten**
- **8 Eier**
- **1 TL Selleriesalz**
- **1 TL Zwiebelgranulat**
- **1 TL Cayennepfeffer**
- **½ TL gemahlene Gewürznelken**
- **Salz und schwarzer Pfeffer**

Den Backofen auf 200 °C vorheizen.

Die Yams in sechs dicke Scheiben schneiden. Die Yams schälen und die Stücke quer halbieren, dann in feine Scheiben schneiden. Dafür am besten einen Hobel oder eine Mandcline verwenden, damit die Scheiben möglichst dünn und gleichmäßig werden. Die Scheiben in einer Schüssel mit kaltem Wasser abspülen und auf Küchenpapier abtropfen lassen.

In einer gusseisernen Pfanne (Ø 24 cm) 1 EL Erdnussöl durch Schwenken über dem Pfannenboden verteilen. Den Boden überlappend mit den Yamsscheiben belegen, sodass er vollständig bedeckt ist. Mit den restlichen Yamsscheiben weitere Schichten legen. Es sollten ungefähr fünf Schichten entstehen, je nach Dicke der Yamsscheiben. Die oberste Schicht mit Erdnussöl bestreichen. Im vorgeheizten Ofen 20 Minuten backen, bis die Yams weich zu werden beginnen und die Ränder sich nach oben biegen.

Inzwischen das restliche Öl in einer Pfanne erhitzen. Zwiebel, Tomaten und Chili darin bei schwacher bis mittlerer Hitze 8 Minuten garen, bis die Zwiebeln weich werden. Vom Herd nehmen und abkühlen lassen.

Die Eier in einer großen Schüssel verquirlen. Mit Selleriesalz, Zwiebelgranulat, Cayennepfeffer, Gewürznelken, Salz und Pfeffer würzen. Die Zwiebelmischung unterrühren. Die Eiermischung über die Yamsscheiben gießen und im Ofen weitere 30 Minuten garen, bis die Eiermasse gestockt und die Oberfläche gebräunt ist. Sofort servieren.

YAMSWURZELSUPPE

Asaro (Yoruba)

In Nigeria hat meine Großmutter manchmal Pottage für mich, meine Cousinen und meinen Cousin zubereitet – ein echtes Seelenessen, das traditionell eher einem Püree als einer Suppe gleicht. Sie wollte immer, dass es allen schmeckt, weshalb sie viel Zeit aufwendete, um die Gewürzmischung perfekt abzustimmen. Manchmal gab sie geräucherte Pute oder Makrele dazu, um die Aromen zu intensivieren. In anderen Familien wird die Suppe mit Wasseryams, Kokosyams oder Kochbananen zubereitet. Ich jedenfalls verwende für dieses Rezept Puna-Yamswurzel, da sie ziemlich mehlig ist und für eine fluffige Textur sorgt. Servieren Sie die Pottage mit etwas Schnittlauch garniert oder zusammen mit Paprikasuppe (Obe Ata, s. S. 17). Alternativ ist sie eine prima Beilage zu meinem geschmorten Rindfleisch in Malzsauce (s. S. 141) oder zu Baobab-Lammkoteletts (s. S. 138). Das Palmöl können Sie durch Kokos- oder Erdnussöl ersetzen, auch wenn es das Aroma verändert.

ZUBEREITUNG: 20 MIN.
GARZEIT: 35 MIN.
FÜR 4 PERSONEN

4 EL Palmöl
1 kleine Zwiebel, gehackt
1 scharfe Chilischote, entkernt und gehackt
2 Stangen Staudensellerie, gehackt
1 gelbe Paprikaschote, entkernt und fein gehackt
½ große Puna-Yamswurzel, geschält und in Stücke geschnitten
200 ml Gemüsebrühe
1 EL Carobpulver
2 TL Zwiebelgranulat
1 TL gemahlener Ingwer
½ TL gemahlene Gewürznelken
½ TL geriebene Muskatnuss
1 TL Selleriesalz
2 TL getrocknetes Basilikum
Salz und Cayennepfeffer
frische Schnittlauchröllchen, zum Garnieren (nach Belieben)

Das Palmöl in einem großen Topf bei schwacher bis mittlerer Hitze zerlassen. Zwiebel, Chili, Sellerie und Paprika darin 7–10 Minuten unter häufigem Rühren braten, bis Zwiebel und Paprika weich sind. Das Gemüse mit einem Stabmixer glatt pürieren.

Inzwischen die Yamsstücke in einem großen Topf mit kochendem Salzwasser bei aufgesetztem Deckel 10 Minuten garen, bis sie weich zu werden beginnen. Das Wasser abgießen, dabei 250 ml auffangen, und die Yamsstücke abtropfen lassen. Zusammen mit dem aufgefangenen Wasser zum Gemüsepüree in den Topf geben. Gemüsebrühe, Carobpulver, Zwiebelgranulat, Ingwer, Gewürznelken, Muskat, Selleriesalz und Basilikum zufügen und alles bei aufgesetztem Deckel 10 Minuten bei mittlerer Hitze garen, bis die Yamsstücke sich leicht mit einer Gabel einstechen lassen.

Wenn die Yamsstücke recht weich sind, mit einer Gabel zerdrücken. Das Püree luftig-locker rühren. Mit Salz und Cayennepfeffer abschmecken. Die Hitze reduzieren und die Pottage weitere 3 Minuten garen. Das Wasser sollte von der Yams aufgesogen sein.

Mit Schnittlauchröllchen garnieren. Mir schmeckt die Pottage am besten, wenn sie etwas abgekühlt ist.

Getreide und Hülsenfrüchte

MAISSUPPE

Omi Ukpoka (Edo)

In diesem Buch wollte ich auch ein Gericht von einer der kleineren Ethnien Nigerias aufnehmen. Also brachte mich meine Mutter in Kontakt mit einer ihrer Freundinnen, die mir das Rezept für die Maissuppe aus Edo verriet. Meine Version hat einen leicht europäischen Touch. Ich verwende gemahlene Uziza, ein glänzend grünes Kraut mit würzigem Aroma, das nach dem Garen nussige, rauchige Noten entwickelt.

ZUBEREITUNG: 5 MIN.
GARZEIT: 15 MIN.
FÜR 4 PERSONEN

600 ml Gemüsebrühe
1 EL Palmöl (oder Kokosöl)
½ Karotte, geschält und gerieben
100 g Maiskörner (aus der Dose)
2 TL geriebene Muskatnuss
1 TL gemahlene Uziza (Früchte des Ostafrikanischen Satinholzbaums, nach Belieben)
2 Selimpfefferschoten, leicht zerdrückt
3 EL feiner Maisgrieß
Salz und weißer Pfeffer
50 g Uziza-Blätter (oder junge Spinatblätter), gehackt
1 Frühlingszwiebel, gehackt
2 hart gekochte Eier, halbiert, zum Servieren

Gemüsebrühe zum Kochen bringen.

Das Palmöl in einem Topf bei mittlerer Hitze zerlassen. Karotten und Gemüsemais mit Muskat und nach Belieben gemahlener Uziza darin 3 Minuten dünsten.

Den Selimpfeffer zu der Gemüsemischung geben, mit der Gemüsebrühe ablöschen. Die Hitze erhöhen und die Mischung 5 Minuten kochen.

Inzwischen den Maisgrieß mit 80 ml kaltem Wasser in einer Schüssel klümpchenfrei anrühren.

Den Selimpfeffer aus der Gemüsemischung herausnehmen. Den Maisgrieß einrühren und 5 Minuten rühren, bis die Suppe eingedickt ist. Mit Salz und Pfeffer abschmecken.

Die gehackten Uziza-Blätter unterziehen und zusammenfallen lassen. Die Suppe auf vier Schalen verteilen. Mit der Frühlingszwiebel und je einer Eihälfte garnieren und sofort servieren.

BOHNENSUPPE

Obe Gbegiri (Yoruba)

Obe Gbegiri ist eine gelbe Gemüsesuppe, die mit Bohnenmehl zubereitet wird und vor allem bei den Yoruba beliebt ist. Traditionell wird sie mit Ewedu, einer grünen Suppe, und der roten Paprikasuppe (Obe Ata, s. S. 17) und Amala (s. S. 28) serviert. Früher stand diese Suppe bei uns Kindern nicht besonders hoch im Kurs. Es hat eine Weile gedauert, bis wir uns an den Geschmack gewöhnt haben. Heute mag ich die Aromen der Suppe wirklich sehr gern. Bei meiner Oma steckte auch immer viel Liebe drin: Sie weichte die Bohnen selbst ein, häutete sie einzeln und pürierte die Suppe so lang, bis sie wirklich ganz glatt war. Ich verwende immer Palmöl, das zwar durch ein anderes Fett ersetzt werden kann, aber dann ein anderes Aroma aufweist.

ZUBEREITUNG: 10 MIN.
GARZEIT: 25 MIN.
FÜR 4 PERSONEN

2 EL Palmöl (oder Kokosöl)
1 weiße Zwiebel, gehackt
2 gelbe Paprikaschoten, entkernt und klein geschnitten
4 große Tomaten, klein geschnitten
1 scharfe Chilischote, entkernt und gehackt
150 g Bohnenmehl
600 ml Gemüsebrühe
1 TL gemahlene Kurkuma
1 TL Zwiebelgranulat
1 TL Selleriesalz
Salz und Cayennepfeffer

Das Palmöl in einem großen Topf bei mittlerer Hitze zerlassen. Zwiebel und Paprika darin 10 Minuten weich dünsten. Tomaten und Chili zugeben und weitere 5 Minuten garen.

Inzwischen das Bohnenmehl mit 300 ml kaltem Wasser in einer Schüssel glatt rühren und, wenn die Tomaten zusammengefallen sind, unter das Gemüse ziehen.

Die Gemüsebrühe separat aufkochen und Kurkuma, Zwiebelgranulat und Selleriesalz einrühren. Die Brühe in Portionen à etwa 100 ml zu dem Gemüse in den Topf gießen und jeweils kräftig rühren. Wenn die ganze Brühe eingearbeitet ist, die Hitze auf mittlere bis starke Stufe erhöhen. Die Suppe mit Salz und Cayennepfeffer abschmecken und etwa 7 Minuten köcheln lassen, bis die gewünschte Konsistenz erreicht ist.

Die Suppe auf vier Schalen verteilen und am besten sofort servieren.

SCHWARZREISBÄLLCHEN

Tuwo Shinkafa Bak'i (Hausa)

Tuwo Shinkafa sind Bällchen, die aus sehr weichem Reis zubereitet werden, und Bak'i ist das Hausa-Wort für »schwarz«. Die Bällchen werden normalerweise mit weißem Reis wie Jasminreis oder einer anderen, sehr weich kochenden Sorte zubereitet. Für meine Version verwende ich aber schwarzen Reis. Wenn Sie jedoch keine klebrig kochende schwarze Reissorte finden, verwenden Sie einfach Jasminreis. Es ist ein sehr einfaches Gericht, das super geeignet ist, wenn man schnell etwas essen möchte. Traditionell werden die Reisbällchen als Einlage für die Kürbissuppe mit Putenstreifen (Miyan Taushe, s. S. 120) verwendet.

ZUBEREITUNG: 5 MIN.
GARZEIT: 15 MIN.
FÜR 4 PERSONEN

- 200 g schwarzer Reis
- 1 Handvoll frische Petersilie, gehackt
- 1 scharfe Chilischote, entkernt und gehackt
- Salz

425 ml Wasser in einem Topf bei starker Hitze zum Kochen bringen. Den Reis zufügen und salzen. Bei niedriger Hitze und aufgesetztem Deckel 40 Minuten quellen lassen, bis die ganze Flüssigkeit aufgesogen und der Reis sehr weich und klebrig ist.

Petersilie und Chili zufügen. Den Reis mit einem Holzlöffel oder einem Stabmixer zerdrücken bzw. mixen, bis nur noch vereinzelt Körner zu erkennen sind. Die Masse etwas abkühlen lassen und etwa esslöffelgroße Portionen mit befeuchteten Händen zu walnussgroßen Kugeln formen. Die Masse sollte für etwa 12 Kugeln reichen.

Warm servieren.

JOLLOF

Jollof ist ein aus dem Senegal stammendes Reisgericht, das mit unterschiedlichen Zubereitungen in ganz Westafrika verbreitet ist. Dabei variieren Garmethoden, Reissorten und sonstige Zutaten wie Tomaten oder Paprika, mit denen man den Jollof farblich und geschmacklich verfeinert. In Nigeria wird Jollof zum Beispiel gern mit Parboiled-Langkornreis zubereitet. Grundsätzlich aber darf Jollof nie feucht und cremig wie ein Risotto sein! Es ist ein Gericht, bei dem die Menschen sehr penibel sind, und viele Nigerianer sind überzeugt, dass ihre Version die weltbeste ist. Ich stelle Ihnen hier zwei Varianten vor: eine gedämpfte (Foto siehe nächste Doppelseite links), weil es bei dieser Methode fast unmöglich ist, den Reis anzubrennen, und eine Blumenkohl-Version (Foto siehe nächste Doppelseite rechts), die ich immer zubereite, wenn ich etwas Leichtes essen möchte.

GEDÄMPFTER JOLLOF

ZUBEREITUNG: 15 MIN.
GARZEIT: 50 MIN.
FÜR 4 PERSONEN

- **2 EL Kokosöl**
- **2 EL Tomatenmark**
- **1 scharfe Chilischote, entkernt und gehackt**
- **1 Stück Ingwer (4 cm), geschält und gerieben**
- **½ Zwiebel, fein gehackt**
- **325 g Datteltomaten, klein gewürfelt**
- **1 TL getrockneter Thymian**
- **1 TL Cayennepfeffer**
- **1 TL gemahlener schwarzer Pfeffer**
- **½ TL gemahlene Gewürznelken**
- **1 TL Zwiebelgranulat**
- **1 Prise Salz**
- **250 g Basmatireis**
- **2–3 Lorbeerblätter**

Dämpfeinsatz

Das Kokosöl in einem Topf bei schwacher bis mittlerer Hitze zerlassen. Tomatenmark, Chili, Ingwer und Zwiebel darin 5 Minuten dünsten. Die Tomaten (nach Belieben vorher püriert) mit Thymian, Gewürzen und Salz einrühren und weitere 5 Minuten garen, bis die Tomaten dunkelrot sind.

Inzwischen einen Dampftopf vorbereiten: Wasser einfüllen und zum Kochen bringen. Den Dämpfeinsatz hineinsetzen, dann die Hitze reduzieren.

Die Tomatenmischung vom Herd nehmen und den Reis untermischen, bis er vollständig mit der Mischung überzogen ist. Alles in den Dämpfeinsatz geben und gleichmäßig darin verteilen. Die Lorbeerblätter darauflegen. Den Deckel aufsetzen und den Reis 30–40 Minuten dämpfen, dabei den Reis alle 10 Minuten mit einer Gabel auflockern, damit er gleichmäßiger gart.

Den Reis ein letztes Mal auflockern. Auf vorgewärmten Tellern anrichten und sofort servieren.

BLUMENKOHL-JOLLOF

ZUBEREITUNG: 15 MIN.
GARZEIT: 15 MIN.
FÜR 4 PERSONEN

1 rote Paprikaschote, entkernt und geviertelt
1 orange Paprikaschote, entkernt und geviertelt
1 gelbe Paprikaschote, entkernt und geviertelt
2 Zweige Thymian
1 große Knoblauchzehe, zerdrückt
2 EL Kokosöl, zerlassen

FÜR DEN REIS
1 EL Selleriesalz
1 EL Zwiebelgranulat
2 TL Cayennepfeffer
2 TL zerstoßene Chiliflocken
1 Gemüse- oder Rinderbrühwürfel, zerbröselt
1 TL gemahlener schwarzer Pfeffer
1 TL gemahlener weißer Pfeffer
1 EL Kokosöl, zerlassen
¼ weiße Zwiebel, fein gehackt
1 Stück Ingwer (2 cm), geschält und fein gehackt
½ scharfe Chilischote, entkernt und fein gehackt
1 großer Blumenkohl, geraspelt
1 EL Tomatenmark
2 Zweige Thymian
1 Lorbeerblatt
Salz

Den Backofen auf 180 °C vorheizen.

Die Paprika in einer großen Schüssel mit Thymian, Knoblauch und Kokosöl vermengen. Ein Backblech mit Backpapier belegen und die Paprikastücke mit der Hautseite nach unten darauf verteilen. Im vorgeheizten Ofen 15 Minuten weich garen.

Inzwischen für den Reis Selleriesalz, Zwiebelgranulat, Cayennepfeffer, Chiliflocken, Brühwürfel und Pfeffer in einer großen Pfanne bei mittlerer Hitze 1 Minute trocken rösten. Kokosöl und Zwiebel zugeben und 2 Minuten braten. Ingwer und Chili zugeben und 1 Minute mitgaren.

Den Blumenkohl zugeben und rühren, bis er mit der Würzmischung überzogen ist. Das Tomatenmark in einer Schale mit 2–3 EL Wasser verrühren und unter den Blumenkohl mischen. Den Deckel aufsetzen und den Blumenkohl 4 Minuten bei schwacher bis mittlerer Hitze dünsten.

Thymian und Lorbeer zugeben und den Blumenkohl mit Salz abschmecken. Er sollte gleichmäßig rot gefärbt sein. Weitere 2 Minuten dünsten.

Den Blumenkohl-Jollof sofort mit den gebratenen Paprika servieren.

GEBRATENER KOKOSREIS

In Nigeria wird gebratener Kokosreis zu besonderen Anlässen wie Hochzeiten oder Geburtstagen serviert, bei denen üblicherweise ein Büffet aufgebaut wird. Die Gäste haben dann die Wahl zwischen Jollof und gebratenem Reis und diversen Beilagen. Meistens aber türmen sich beide Gerichte auf den Tellern. Echter nigerianischer gebratener Reis enthält Rinderleber oder Garnelen. Ich bereite ihn aber lieber mit Pilzen zu, und auch beim Gemüse hat man die freie Wahl. Im Frühjahr beispielsweise ersetze ich die grüne Paprika gerne durch grünen Spargel. Sie können das Gericht als Hauptgericht oder als Beilage zu einem Hähnchengericht wie dem Hibiskus-Hähnchen (s. S. 114) oder Perlhuhn mit Kolanüssen (s. S. 124) servieren.

ZUBEREITUNG: 15 MIN.
GARZEIT: 30 MIN.
FÜR 4 PERSONEN

400 ml Kokosmilch
250 ml Hühnerbrühe
½ TL getrockneter Thymian
2 getrocknete Lorbeerblätter
370 g Langkornreis (oder Basmatireis)
1 EL Erdnussöl (oder Kokosöl)
½ rote Zwiebel, fein gehackt
6 kleine Champignons, abgewischt und in Scheiben geschnitten
½ grüne Paprikaschote, entkernt und in feine Streifen geschnitten
½ gelbe Paprikaschote, entkernt und in feine Streifen geschnitten
1 große Karotte, in feine Streifen geschnitten
1 TL gemahlener Koriander
¼ TL gemahlene Kurkuma
1 TL Knoblauchpulver
1 TL gemahlener Ingwer
Salz und weißer Pfeffer

Die Kokosmilch mit der Hühnerbrühe, Thymian und Lorbeerblättern in einem großen Topf zum Kochen bringen. Die Hitze reduzieren und die Kokosmilch 5 Minuten köcheln lassen, bis sie zu duften beginnt.

Inzwischen den Reis abspülen, bis das Wasser klar bleibt, und abtropfen lassen. In die Kokosmilch geben; der Reis sollte knapp bedeckt sein. Die Hitze auf mittlere bis starke Stufe erhöhen und den Reis bei aufgesetztem Deckel etwa 10 Minuten garen. Dabei regelmäßig umrühren, damit der Reis sich nicht am Topfboden festsetzt. Wenn der Großteil der Kokosmilch aufgesogen ist, sollte der Reis noch etwas Biss haben und nussig duften. Den Topf vom Herd nehmen.

Das Öl in einer großen, hohen Pfanne erhitzen. Zwiebel, Pilze, Paprika und Karotte hineingeben. Mit Koriander, Kurkuma, Knoblauchpulver und Ingwer würzen und bei mittlerer bis starker Hitze 7 Minuten unter ständigem Rühren braten. Den Reis untermengen. Salzen und pfeffern. Die Hitze reduzieren und den Gemüsereis bei aufgesetztem Deckel weitere 5–10 Minuten garen.

Den Reis auf vier Tellern anrichten oder in einer großen Schüssel auf den Tisch stellen.

REISSALAT MIT KOCHBANANEN, BOHNEN UND AVOCADO

Ogede, Ewa ati Iresi Afokado (Yoruba)

Hier ist meine leicht überarbeitete Version des traditionellen Reis-Bohnen-Gerichts, das mit Avocado schön cremig wird. Das Rezept ist auch eine prima Möglichkeit, Reisreste zu verwerten, zumal erkalteter Reis die Form besser hält, wenn er mit anderen Zutaten gemischt wird. Normalerweise wird Reis in Nigeria nicht kalt verzehrt. Überhaupt essen Nigerianer nur selten kalte Speisen, selbst Fingerfood ist immer warm. Dennoch hoffe ich, dass dieses Gericht auch bei Nigerianern ankommt. Die Kochbananen sollten jedenfalls ihren Teil dazu beisteuern, schließlich kenne ich keinen Nigerianer, der Kochbananen nicht mag.

ZUBEREITUNG: 15 MIN. PLUS KÜHLZEIT
GARZEIT: 10 MIN.
FÜR 4 PERSONEN

- 2 Avocados, entsteint und geschält
- 1 EL frisch gepresster Zitronensaft
- 1 EL getrockneter Thymian
- 2 TL Selleriesalz
- 200 g brauner Rundkornreis, gegart und erkaltet (von etwa 130 g ungekochtem Reis)
- Salz und Cayennepfeffer
- 2 EL Erdnussöl (oder Kokosöl)
- 1 kleine weiße Zwiebel, in feine Streifen geschnitten
- 1 scharfe Chilischote, entkernt (nach Belieben) und fein gehackt
- 2 gelbe Kochbananen, in Scheiben geschnitten
- 400 g Schwarzaugenbohnen (aus der Dose), abgespült und abgetropft

Die Avocados in einer großen Schüssel mit einer Gabel zerdrücken und cremig rühren. Zitronensaft, Thymian und Selleriesalz unterrühren. Den Reis sorgfältig untermischen. Mit Salz und Cayennepfeffer abschmecken. Mit Frischhaltefolie abdecken und beiseitestellen.

Das Öl in einer großen Pfanne erhitzen. Zwiebel, Chili und Kochbananen darin bei mittlerer Hitze 10 Minuten unter ständigem Rühren braten. Wenn die Zwiebel weich ist und die Kochbananen goldbraun sind, die Mischung in eine zweite Schüssel geben und etwa 5 Minuten abkühlen lassen.

Bohnen und Kochbananen unter die Reismischung heben. Sofort servieren.

HINWEISE

Gegarte Kochbananen werden hart, wenn sie zu lange abkühlen, und auch beim Wiederaufwärmen verändert sich die Textur. Deshalb sollte der Salat möglichst bald nach der Zubereitung serviert werden. Wenn Sie diesen Salat dennoch im Voraus machen wollen, ist es ratsam, ihn zunächst ohne Kochbananen zuzubereiten und sie 5–10 Minuten vor dem Servieren zu braten.

ABEOKUTA BOWL

In Abeokuta, nördlich von Lagos, war ich mit meiner Familie oft in den Schulferien. Deshalb ist eine Abeokuta Bowl für mich die Quintessenz all meiner kulinarischen Erinnerungen an diese Stadt. Unter der Woche gab es immer Bohnen und Dodo (gebratene Kochbananen), weil das Gericht so einfach war. Ich mochte die Bohnen am liebsten zerdrückt. An den Wochenenden unternahmen wir Ausflüge, aßen gegrillten Mais, Suya und Epa (geröstete Erdnüsse) und saßen abends beim Sonnenuntergang. Lassen Sie sich von der langen Zutatenliste nicht abschrecken. Das Rezept ist nicht so kompliziert, wie es scheint. Vieles kann gleichzeitig zubereitet werden. Wenn Sie befürchten, dass etwas anbrennt, stellen Sie sich am besten den Timer auf dem Smartphone.

ZUBEREITUNG: 15 MIN.
GARZEIT: 35 MIN.
FÜR 4 PERSONEN

- 200 g Hirse (oder brauner Rundkornreis)
- 450 ml Gemüsebrühe
- 1 EL Garri, zum Servieren
- 4 EL Cashewkerne (oder Erdnüsse), grob gehackt, zum Servieren

FÜR DEN MAIS

- 1 EL Erdnussöl
- 2 kleine oder 1 großer Zuckermaiskolben
- 1 TL zerstoßene Chiliflocken

FÜR DIE KOCHBANANEN

- 2 EL Kokosöl
- 2 gelbe Kochbananen, geschält, in Scheiben geschnitten

FÜR DIE BOHNEN

- 400 g Pinto-Bohnen (aus der Dose)
- 1 TL Zwiebelgranulat
- ¼ TL Cayennepfeffer
- ½ TL gemahlene Gewürznelken
- Salz und Pfeffer

Die Hirse in einem Topf bei mittlerer Hitze 5 Minuten trocken rösten, bis sie nussig duftet. Dabei gelegentlich umrühren, damit sie nicht anbrennt. Die Hirse mit der Brühe ablöschen. Die Hitze erhöhen und die Hirse zum Kochen bringen. Dann die Hirse bei schwacher Hitze und aufgesetztem Deckel 15 Minuten unter gelegentlichem Rühren quellen lassen. Den Topf vom Herd nehmen und die Hirse 10 Minuten stehen lassen, damit auch die restliche Flüssigkeit aufgesogen wird.

Für den Mais den Backofen auf 180 °C Umluft vorheizen. Das Öl in eine flache Auflaufform geben und die Maiskolben darin wenden. Im Ofen 20 Minuten garen. Die Maiskolben wenden, mit den Chiliflocken bestreuen und weitere 15 Minuten im Ofen garen, bis sie schön gebräunt sind. Auf einen Teller geben und 5 Minuten abkühlen lassen. Die Maiskörner mit einem scharfen Messer von den Kolben schneiden.

Nach der Hälfte der Garzeit von Hirse und Mais für die Kochbananen das Kokosöl in einer Pfanne bei schwacher bis mittlerer Hitze zerlassen und die Kochbananen darin 5 Minuten von jeder Seite goldbraun braten.

Die Bohnen samt Flüssigkeit in einen kleinen Topf geben. Mit Zwiebelgranulat, Cayennepfeffer und Gewürznelken würzen. Salzen und pfeffern und 5 Minuten köcheln lassen. Wenn die meiste Flüssigkeit verdampft ist, die Bohnen grob zerstampfen.

FÜR DIE SUYA-PILZ-ZWIEBEL-MISCHUNG

- **2 TL geröstetes Erdnussmehl**
- **2 TL gemahlener Ingwer**
- **1 TL Knoblauchgranulat**
- **1 TL Zwiebelgranulat**
- **1 TL geriebene Muskatnuss**
- **Salz, schwarzer Pfeffer und Cayennepfeffer**
- **12 kleine Champignons, in Scheiben geschnitten**
- **½ große rote Zwiebel, fein gehackt**
- **1 EL Erdnussöl**
- **1 Selimpfefferschote, zerdrückt**

Inzwischen Erdnussmehl, Ingwer, Knoblauch- und Zwiebelgranulat sowie Muskat in einer Schüssel vermengen. Mit Salz, Pfeffer und Cayennepfeffer würzen. Champignons und Zwiebel darin wenden. Das Erdnussöl in der Pfanne, in der auch die Kochbananen gebraten wurden, erhitzen. Die Pilzmischung mit dem Selimpfeffer darin 5 Minuten bei mittlerer Hitze unter häufigem Rühren braten.

Zum Servieren die Hirse auflockern und auf vier Schalen verteilen. Mit je ein paar Löffeln Mais, Pilz-Zwiebel-Mischung, Bohnen und Kochbananen anrichten. Mit etwas Garri und Cashewkernen garnieren und sofort servieren.

GEFÜLLTE PAPRIKA MIT KAROTTEN-REIS-FUFU

Wenn mir jemand weismachen will, dass ein Gericht nur auf eine ganz bestimmte Weise zubereitet werden darf, ist es mir immer ein ganz spezielles Vergnügen, das Gegenteil zu beweisen. Mir geht es dabei nicht um Rechthaberei; vielmehr möchte ich dazu motivieren, sich nicht in der eigenen Kreativität einschränken zu lassen. Fufu wird eigentlich nie aromatisiert, dafür aber immer mit einem anderen Gericht zusammen serviert. Hier bin ich davon abgewichen und habe gemahlenen Reis in Gemüsebrühe und mit Karotten für eine gewisse Süße gegart. Treu hingegen bin ich bei Palmöl, Paprika, Erdnussmus und Gewürzmischung geblieben.

ZUBEREITUNG: 20 MIN.
GARZEIT: 40 MIN.
FÜR 4 PERSONEN

200 ml Gemüsebrühe
100 g gemahl. Reis
2 EL Palmöl (oder Kokosöl)
1 Zwiebel, fein gehackt
1 scharfe Chilischote, entkernt und fein gehackt
½ große Karotte, geschält und gerieben
1 EL Erdnussmus
2 TL Carobpulver
¼ TL gemahl. Kurkuma
¼ TL gemahl. Gewürznelken
½ TL gerieb. Muskatnuss
1 TL gemahl. Ingwer
2 gelbe Paprikaschoten, längs halbiert und entkernt
2 rote Paprikaschoten, längs halbiert und entkernt
Salz und Cayennepfeffer
grob gehackte Erdnüsse, zum Servieren
Petersilienblätter, zum Garnieren

Für das Fufu die Gemüsebrühe in einem großen Topf bei starker Hitze zum Kochen bringen. Die Hitze reduzieren und rasch den gemahlenen Reis unter Rühren einstreuen. Weiterrühren, bis die Mischung eingedickt ist. 100 ml kochendes Wasser zugießen, den Deckel aufsetzen und die Masse 3 Minuten dämpfen. Die Masse erneut kräftig rühren, 100 ml kochendes Wasser zugießen und die Masse erneut quellen lassen. In eine Schüssel füllen und abgedeckt abkühlen lassen.

Das Öl in einer großen Pfanne bei mittlerer Hitze zerlassen. Zwiebel, Chili und Karotte darin etwa 7 Minuten dünsten, bis das Gemüse weich ist. Erdnussmus, Carobpulver und Gewürze einrühren. Die Mischung sorgfältig unter das abgekühlte Fufu ziehen.

Den Backofen auf 180 °C vorheizen. Ein Backblech mit Backpapier belegen. Die Paprikahälften mit dem Fufu füllen und auf das vorbereitete Backblech setzen. Das Blech locker mit Alufolie abdecken. Die Paprikahälften im vorgeheizten Ofen 15–20 Minuten garen.

Je eine rote und eine gelbe Paprikahälfte auf Tellern anrichten. Mit Erdnüssen und Petersilie garnieren und sofort servieren.

KRÄUTERHIRSE MIT GRÜNEN BOHNEN

Anders als die meisten (Pseudo-)Getreidesorten in Nigeria ist Hirse sehr dezent und keine große Herausforderung für die Geschmacksknospen. Sie lässt sich sehr gut mit diversen nigerianischen Kräutern kombinieren, wie zum Beispiel Nelkenbasilikum, das gut durch mediterranes Basilikum ersetzt werden kann. Das Gericht schmeckt in den Sommermonaten besonders gut, und ich bereite es gerne für Barbecues oder Picknicks mit meiner Familie zu.

ZUBEREITUNG: 10 MIN. PLUS KÜHLZEIT
GARZEIT: 20 MIN.
FÜR 4 PERSONEN

200 g Hirse
1 EL Kokosöl
1 weiße Zwiebel, gehackt
1 scharfe Chilischote, entkernt und fein gehackt
1 grüne Paprikaschote, entkernt und in feine Streifen geschnitten
1 EL fein gehacktes (Nelken-)Basilikum
1 EL fein gehackte Petersilie
Salz
gehackte Frühlingszwiebeln, zum Servieren

FÜR DIE BOHNEN
1 EL Kokosöl
1 EL Kokos Aminos (oder 1 TL Garnelenpaste)
1 Gemüsebrühwürfel, zerbröselt
1 TL Zwiebelgranulat
400 g grüne Bohnen (aus der Dose), abgetropft
Salz und schwarzer Pfeffer

In einem großen Topf 500 ml Salzwasser zum Kochen bringen. Die Hirse zugeben. Die Hitze reduzieren und die Hirse 8 Minuten köcheln lassen, bis das Wasser aufgesogen ist. Die Hirse in eine Schüssel geben und quellen lassen.

Im selben Topf das Kokosöl zerlassen. Zwiebel, Chili und Paprika darin 5 Minuten bei schwacher Hitze braten, bis die Zwiebel weich ist. Die Hirse mit Basilikum und Petersilie zugeben und alles mischen. Mit Salz würzen. Bei aufgesetztem Deckel 2 Minuten quellen lassen, dann den Topf vom Herd nehmen und die Hirsemischung 10 Minuten stehen lassen.

Für die Bohnen das Kokosöl in einer Pfanne zerlassen. Kokos Aminos, Brühwürfel, Zwiebelgranulat und Bohnen zugeben. Alles gut mischen. Die Hitze reduzieren und die Bohnen 3–4 Minuten erhitzen. Mit Salz und Pfeffer abschmecken.

Die Hirse auflockern und mit den Bohnen auf Serviertellern anrichten. Mit Frühlingszwiebeln garnieren und sofort servieren.

ZWIEBELHIRSE MIT GEBRATENEN GARRI-TOMATEN

In der Oberstufe war gesunde Ernährung ein heiß diskutiertes Thema. Ich hatte eine Freundin, die am Boden zerstört war, als sie herausfand, dass Couscous keine eigene Getreidesorte ist, sondern aus Weizengrieß herstellt wird, was ihrem glutenfreien Ernährungskonzept einen Rückschlag verpasste. Deshalb schlug ich ihr Hirse als Alternative vor, zumal sie kein Fan von Quinoa war. Wie Couscous ist gegarte Hirse sehr fluffig und wie Quinoa enthält sie viel Eiweiß und Mineralien. Hirse gibt es in jedem gut sortierten Supermarkt.

ZUBEREITUNG: 10 MIN.
GARZEIT: 20 MIN.
FÜR 4 PERSONEN

1 EL Kokosöl
½ rote Zwiebel, fein gehackt
1 Knoblauchzehe, fein gehackt
500 ml Gemüsebrühe
200 g Hirse
1 TL Zwiebelgranulat
1 TL Knoblauchpulver
1 TL Selleriesalz
Salz und schwarzer Pfeffer

FÜR DIE TOMATEN
Erdnussöl, zum Beträufeln, plus mehr zum Einfetten
300 g Kirschtomaten, halbiert
Garri oder Panko (jap. Semmelbrösel aus dem Asiamarkt), zum Bestreuen

Den Backofen auf 180 °C vorheizen. Eine Backform mit etwas Erdnussöl einfetten.

Die Tomaten salzen und pfeffern. Mit der Schnittseite nach oben in die Backform geben. Großzügig mit Garri bestreuen; die Tomaten sollten vollständig bedeckt sein. Im vorgeheizten Ofen 20 Minuten garen, bis die Tomaten leicht gebräunt sind.

Inzwischen das Kokosöl in einer großen Pfanne bei mittlerer Hitze zerlassen. Zwiebel und Knoblauch darin 5 Minuten unter gelegentlichem Rühren braten. Mit der Gemüsebrühe ablöschen. Bei starker Hitze zum Kochen bringen. Dann die Hitze wieder reduzieren. Die Hirse einrühren und 10 Minuten köcheln lassen. Mit Zwiebelgranulat, Knoblauchpulver und Selleriesalz würzen und mit Salz und Pfeffer abschmecken. Die Hirse weitere 10 Minuten quellen lassen, bis das Wasser aufgesogen ist.

Die Hirse mit einer Gabel auflockern und mit den Tomaten auf Serviertellern anrichten. Sofort servieren.

BOHNENKRAPFEN

Akara (Yoruba)

Wenn es im Internat Akara und fermentierten Maisbrei (Ogi, s. S. 173) zum Frühstück gab, konnte der Tag für mich nicht besser anfangen. Die Krapfen waren außen immer perfekt knusprig und innen weich und luftig. Akara schmecken auch als Zwischen- oder Mittagsmahlzeit und sind, wenn man Form und Größe der Krapfen verändert, auch ein tolles Dessert. Servieren Sie Akara mit griechischem Joghurt oder, ganz traditionell, mit Paprikasuppe (Obe Ata, s. S. 17) und Ogi.

ZUBEREITUNG: 10 MIN.
GARZEIT: 20 MIN.
FÜR 4 PERSONEN

- **1 Zwiebel, geviertelt**
- **2 Stangen Staudensellerie, gehackt**
- **200 g Bohnenmehl**
- **1 TL Zwiebelgranulat**
- **1 TL Selleriesalz**
- **1 TL Knoblauchgranulat**
- **1 TL gemahlener weißer Pfeffer**
- **Salz und Cayennepfeffer**
- **1 scharfe Chilischote, entkernt und fein gehackt**
- **Erdnussöl, zum Ausbacken**
- **griechischer Joghurt (10% Fett), zum Servieren**

Zwiebel und Sellerie mit 60 ml Wasser pürieren. Das Bohnenmehl mit den Gewürzen in eine große Schüssel sieben. Mit Salz und Cayennepfeffer würzen. Zwiebel-Sellerie-Püree und Chili zugeben und sorgfältig vermengen, bis ein dicker Teig entstanden ist.

Erdnussöl mindestens 4 cm hoch in einen großen, schweren Topf füllen und erhitzen. Die richtige Temperatur ist erreicht, wenn sich um einen hineingehaltenen Holzlöffelstiel direkt Bläschen bilden. Die Akara-Masse in esslöffelgroßen Nocken ins Fett geben und portionsweise 3 Minuten ausbacken. Wenden und weitere 2 Minuten backen, bis sie ganz durchgegart und goldbraun sind. Der Teig sollte für 16–20 Krapfen reichen.

Die Krapfen mit einem Schaumlöffel herausheben und auf einem Kuchengitter mit etwas Küchenpapier darunter abtropfen lassen. Auf kleinen Tellern mit Joghurt zum Dippen servieren.

✿ HINWEISE

Wenn das Fett nach dem Ausbacken der Krapfen wieder erkaltet ist, können Sie es zum Reinigen durch ein mit Küchenpapier ausgelegtes Sieb gießen und für andere Gerichte wiederverwenden, zum Beispiel für Puff Puff (s. S. 156), Ijebu-Fischrollen (s. S. 82) oder Kuli Kuli (s. S. 169). Alternativ können Sie die Krapfen auch in einer kleinen Pfanne in 2 gehäuften EL Kokosöl braten. Dafür sollte der Teig mit 250 ml Wasser gestreckt werden, sodass er in der Pfanne wie Pancakes verstrichen werden kann.

MOIN MOIN

Bevor ich ins Internat zurückfuhr, bereitete meine Großmutter jedes Mal Moin Moin für mich zu. Ich half ihr, die Bohnen zu häuten, und sah ihr zu, wie sie sie zu Teig verarbeitete. Sie brachte mir bei, wie man Förmchen aus Bananenblättern faltet, die ich hielt, während sie den Teig einfüllte. Während der Pudding vor sich hingarte, spielten meine Cousinen, mein Cousin und ich ums Haus herum, liefen aber ständig ins Haus zurück, um meine Großmutter zu fragen, ob die Moin Moin schon fertig seien. Für Moin Moin gibt es keine adäquate Übersetzung. Wie bei Chin Chin ist der Name vermutlich eine lautmalerische Umschreibung für das Geräusch oder das Gefühl, wenn man sie isst.

ZUBEREITUNG: 10–15 MIN.
GARZEIT: 1 STD.
FÜR 4 PERSONEN

- 1 Uma-Blatt (oder Bananenblatt; nach Belieben)
- 2 EL Kokos Aminos (nach Belieben)
- 4 EL Kokosöl, zerlassen
- 1 EL Tomatenmark
- 1 TL Selleriesalz
- 1 TL Zwiebelgranulat
- 1 TL geriebene Muskatnuss
- 1 Zwiebel, gehackt
- ½ scharfe Chilischote, entkernt und fein gehackt
- 1 große rote Paprikaschote, entkernt und klein geschnitten
- 200 g Bohnenmehl
- Salz, weißer Pfeffer und Cayennepfeffer

FÜR DAS GARRI

- 100 g Garri
- 1–2 EL Zucker

Dämpfeinsatz

Nach Belieben vier kleine und vier größere Kreise aus dem Uma-Blatt ausschneiden. Boden und oberen Rand einer Puddingform dafür als Schablone verwenden. Alternativ Kreise aus Backpapier ausschneiden. Vier Puddingförmchen einfetten und den Boden mit den kleineren Kreisen belegen.

In einem Messbecher 350 ml Wasser mit Kokos Aminos (nach Belieben), Kokosöl, Tomatenmark, Selleriesalz, Zwiebelgranulat und Muskat verrühren.

Zwiebel, Chili und Paprika mit dem gewürzten Wasser pürieren. Das Bohnenmehl zufügen und mixen, bis ein glatter Teig entstanden ist. Mit Salz, weißem Pfeffer und Cayennepfeffer würzen. Den Teig in die vorbereiteten Förmchen füllen und mit den größeren Kreisen bedecken.

Einen mittelgroßen Topf zur Hälfte mit Wasser befüllen und dieses zum Kochen bringen. Einen passenden Dämpfeinsatz daraufsetzen und die Förmchen hineinstellen. Die Hitze auf niedrige bis mittlere Stufe regulieren. Den Deckel aufsetzen und die Moin Moin 60 Minuten dämpfen.

Zur Garprobe die Moin Moin mit einem Messer oder einem Holzspieß einstechen; es sollte kein Teig daran haften bleiben. Die Moin Moin herausnehmen und 30 Minuten abkühlen lassen. Mithilfe eines Messers aus den Förmchen lösen und auf Servierteller stürzen.

Inzwischen das Garri in einer Schüssel mit 400 ml Wasser glatt rühren. Mit dem Zucker süßen und zu den Moin Moin reichen.

JAND BOWL

In Nigeria ist »Jand« eine umgangssprachliche Bezeichnung für England. Ich habe dieses Gericht so genannt, weil alle Zutaten in einem englischen Supermarkt genauso einfach zu finden sind wie in Nigeria. Die Bowl hält lange satt und ist relativ einfach zuzubereiten.

ZUBEREITUNG: 20 MIN.
GARZEIT: 30 MIN.
FÜR 4 PERSONEN

Gedämpfter Jollof oder Blumenkohl-Jollof (s. S. 46 oder 47)
1 große Süßkartoffel, geschält
2 EL Mandelblättchen
200 g junge Spinatblätter
1 EL frisch gepresster Zitronensaft
400 g Schwarzaugenbohnen (aus der Dose), abgetropft
Salz und Cayennepfeffer
1 Avocado
2 Stängel frischer Estragon, Blätter abgezupft

FÜR DAS DRESSING
2 EL Erdnussöl (oder Walnussöl)
1 EL frisch gepresster Zitronensaft
½ TL Cayennepfeffer
Salz und Pfeffer

Für das Dressing alle Zutaten in einer Schale verrühren. Mit Salz und schwarzem Pfeffer abschmecken.

Gedämpften Jollof oder Blumenkohl-Jollof wie auf Seite 46 bzw. 47 beschrieben zubereiten.

Inzwischen die Süßkartoffel in feine Scheiben hobeln und in eine Schüssel Wasser geben. Wasser in einem großen Topf zum Kochen bringen und die Süßkartoffelscheiben darin 15 Minuten weich kochen. Das Wasser abgießen und die Süßkartoffeln abtropfen lassen.

Eine kleine Pfanne auf mittlerer Stufe heiß werden lassen. Die Mandelblättchen darin etwa 5 Minuten bei schwacher Hitze trocken rösten, bis sie schön gebräunt sind.

Den Spinat grob hacken und mit Zitronensaft und etwas Salz in eine Schüssel geben. Die Bohnen in einer zweiten Schüssel grob zerdrücken und mit etwas Salz und Cayennepfeffer würzen. Die Avocado halbieren und den Stein herauslösen. Ein Rautenmuster ins Fruchtfleisch schneiden. Die Schalenhälften umstülpen, sodass die Avocadowürfel herausgedrückt werden und sich einfach von der Schale abschneiden lassen.

Je einen großen Löffel Bohnenpüree in die Mitte von vier flachen Schalen setzen. Ein Viertel des Jollof-Reises danebensetzen, gefolgt von Spinat, Süßkartoffeln, Mandeln und Avocado. Mit Estragon garnieren. Mit dem Dressing beträufeln und sofort servieren.

HERZHAFTER HIRSE-PORRIDGE

Hausa Koko (Hausa)

In meiner Examensphase habe ich auch zum Abendessen Frühstückszerealien gegessen. Als ich die Zuckerschübe satt und mehr Lust auf Herzhaftes hatte, war Porridge mein Highlight des Tages (oder vielmehr der Nacht). Im Lauf der Zeit bevorzugte ich Hirseflocken, weil ich mich damit weniger träge fühlte und ausreichend Energie für lange Lernsessions hatte. Hirse nimmt sehr leicht andere Aromen auf und ist die perfekte Basis für allerlei Gewürze und Gemüse. Die hier verwendeten Gewürze sind inspiriert von einem Gericht namens Hausa Koko, einem Porridge, den die Hausa in Ghana gerne zubereiten.

ZUBEREITUNG: 20 MIN.
GARZEIT: 25 MIN.
FÜR 4 PERSONEN

400 ml Kokosmilch
200 g Hirseflocken
1 Gemüsebrühwürfel
1 TL Zwiebelgranulat
1 TL Selleriesalz
1 TL gemahlener Ingwer
¼ TL gemahlene Gewürznelken
Salz und Cayennepfeffer
2 EL Kokosöl
250 g Okraschoten, in Scheiben geschnitten
2 TL Carobpulver
1 TL Zucker
1 TL Chiliflocken
1 EL frisch gepresster Zitronensaft
4 Spiegeleier, zum Servieren

Die Kokosmilch in einem großen Topf bei starker Hitze zum Kochen bringen. Die Hitze reduzieren. Die Hirse mit dem Brühwürfel einrühren. Zwiebelgranulat, Selleriesalz, Ingwer und Gewürznelken unterrühren. Mit Salz und Cayennepfeffer würzen. Die Hirseflocken 15 Minuten quellen lassen, bis die Kokosmilch vollständig aufgesogen ist.

Inzwischen das Kokosöl in einer kleinen Pfanne bei mittlerer Hitze zerlassen. Die Okraschoten mit Carobpulver, Zucker und Chiliflocken darin 3 Minuten garen. Mit dem Zitronensaft beträufeln. Beiseitestellen.

Den Porridge in vier Schalen füllen. Mit den Okraschoten und je einem Spiegelei garnieren. Warm oder lauwarm servieren.

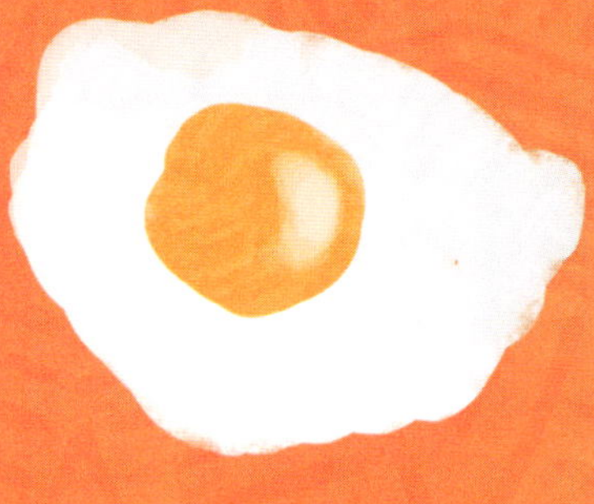

REIS-PFANNKÜCHLEIN

Sinasir (Hausa)

Im Norden von Nigeria gibt es ein Reisgericht namens Sinasir, das ähnlich zubereitet wird wie Hefepfannkuchen. Für den Teig wird eine Mischung aus rohem und gegartem Reis, Zwiebeln und manchmal Mehl zur Gärung gebracht. Die Reifezeit ist relativ lang, aber die Geduld zahlt sich aus. Wie die meisten nigerianischen Gerichte werden Sinasir mit etwas Herzhaftem serviert, und da Kürbis im Norden des Landes sehr beliebt ist, stelle ich Ihnen diese Sinasir mit gebratenem Kürbis vor.

ZUBEREITUNG: 20 MIN. PLUS GÄRZEIT
GARZEIT: 30 MIN.
FÜR 4 PERSONEN

120 g Reismehl
160 g Weizenmehl
4 TL Zwiebelgranulat
3 TL Trockenbackhefe
4 EL gegarter Jasminreis
4 TL Zucker
6 EL Kokosjoghurt oder griechischer Joghurt (10% Fett)
240 ml Reisdrink, erwärmt
1 TL Backnatron
½ TL Salz
Kokosöl, zum Einfetten und Backen

FÜR DEN KÜRBIS
1 EL Erdnussöl
400 g Kürbisfruchtfleisch, in Stücke geschnitten
100 ml Gemüsebrühe
1 Handvoll Grünkohl, fein gehackt
3 EL Erdnussmus (oder Cashewmus)
Salz und Cayennepfeffer

Reismehl, Weizenmehl, Zwiebelgranulat und Hefe in einer großen Schüssel mischen. Den gegarten Reis in einer zweiten Schüssel mit einem Holzlöffel zerdrücken. Zucker und löffelweise Joghurt einarbeiten. Diese Mischung zu den Trockenzutaten geben und zu einer krümeligen Masse verarbeiten. Den Reisdrink sorgfältig untermengen, bis ein glatter Teig entstanden ist. Abdecken und an einem warmen Ort 30 Minuten gehen lassen.

Natron und Salz in 150 ml warmem Wasser auflösen. Das Natronwasser etwa 3 Minuten in den Teig einarbeiten. Die Schüssel wieder abdecken und den Teig mindestens 4 Stunden oder über Nacht gehen lassen.

Eine große Pfanne sowie vier kleine Backringe leicht mit Kokosöl einfetten. Die Pfanne bei mittlerer Hitze heiß werden lassen und die Ringe hineinsetzen. Den Teig erneut umrühren und je eine Kelle in die Ringe gießen (sie sollten halbhoch mit Teig gefüllt sein). Nach 4 Minuten sollten sich Bläschen an der Teigoberfläche zeigen. Die Ringe vorsichtig wenden und den Teig weitere 2 Minuten backen. Die Sinasir aus den Ringen lösen und auf einem Kuchengitter abkühlen lassen. Auf diese Weise weitere vier Sinasir backen. Dabei Pfanne und Backringe auswischen und neu einfetten.

Falls Sie keine Backringe haben, die Hälfte des Teiges in eine große Pfanne geben und einen großen Pfannkuchen backen, bis sich Bläschen an der Oberfläche zeigen. Vorsichtig wenden und von der anderen Seite 2 Minuten backen. Aus der Pfanne nehmen und in vier Stücke schneiden. Den restlichen Teig ebenso verarbeiten. Dabei die Pfanne vorher auswischen und neu einfetten.

Für den Kürbis das Erdnussöl in einem kleinen Topf erhitzen und den Kürbis darin 5 Minuten bei mittlerer bis starker Hitze goldbraun braten. Die Brühe zugießen und die Hitze reduzieren. Bei aufgesetztem Deckel 10 Minuten dünsten, bis der Kürbis sehr weich ist. Den Kürbis in einem Sieb abtropfen lassen. Mit Grünkohl und Erdnussmus in einer großen Schüssel vermengen. Mit Salz und Cayennepfeffer abschmecken.

Je zwei Sinasir mit dem Kürbis auf Tellern anrichten. Nach Belieben können die Sinasir vor dem Servieren kurz im Toaster aufgewärmt werden.

Fisch und Meeresfrüchte

SCHARFE SUPPE MIT KREBSFLEISCH UND YAMSWURZEL

Meine erste Erinnerung an diese Suppe war in einem nigerianischen Restaurant namens Labalaba (Schmetterling) irgendwo in Brixton, in das mich meine Mutter immer mitnahm, als ich noch in der Grundschule war. Es war eine Brühe mit zartem Ziegenfleisch, die nicht besonders scharf aussah, aber nach zwei, drei Löffeln fing sie an, in Mund und Nase zu kribbeln. Dessen ungeachtet schlang ich die Suppe immer hinunter, weil ich sie so lecker fand. Das ging nicht nur mir so: Einmal beobachtete ich einen Mann, der unverdrossen seine Suppe löffelte, sich aber immer wieder den Schweiß mit einem Taschentuch aus dem Gesicht wischte. Sie können für diese Suppe auch Seewolf oder anderen Fisch oder Meeresfrüchte verwenden. Die Zutat, die diese Suppe so besonders macht, ist Kalebassenmuskatnuss. Da sie nicht so leicht zu finden ist, habe ich sie durch eine Mischung aus anderen Gewürzen ersetzt, die ihr aromatisch nahekommt.

ZUBEREITUNG: 15 MIN.
GARZEIT: 15 MIN.
FÜR 4 PERSONEN

4 Gewürznelken
1 Zimtstange
1 ganze Muskatnuss
4 Selimpfefferschoten, zerdrückt (nach Belieben)
1 TL Kreuzkümmelsamen
2 EL Kokosöl
1 Zwiebel, in feine Ringe geschnitten
1–2 scharfe Chilischoten, eingestochen
400 g Puna-Yamswurzel, geschält, gewaschen und in 1 cm große Würfel geschnitten
2 Lorbeerblätter
2 TL Garnelenpaste
1 Fischfondwürfel
1 Hühnerbrühwürfel
Salz und Cayennepfeffer
340 g Krebsfleisch (aus der Dose), abgetropft (oder küchenfertiges frisches Krebsfleisch)
(Nelken-)Basilikum, fein gehackt, zum Garnieren

Gewürznelken, Zimt, Muskat, nach Belieben Selimpfeffer und Kreuzkümmel in einer kleinen Pfanne bei mittlerer bis starker Hitze 1–2 Minuten trocken rösten. Dabei konstant an der Pfanne rütteln. Wenn die Gewürze zu duften beginnen, die Pfanne vom Herd nehmen. Die Muskatnuss halbieren. Die restlichen Gewürze leicht zerstoßen. Alle Gewürze in eine Schale füllen.

Das Kokosöl in einem großen Topf bei mittlerer Hitze zerlassen. Zwiebel und Chilis darin etwa 4 Minuten dünsten. Die Yamswürfel mit den zerstoßenen Gewürzen und Lorbeerblättern zugeben. Garnelenpaste und Fond- und Brühwürfel mit 800 ml heißem Wasser zufügen. Die Hitze erhöhen und die Brühe zum Kochen bringen. Dann die Suppe bei schwacher Hitze mit aufgesetztem Deckel 10 Minuten köcheln lassen, bis sich die Yamswürfel leicht mit einer Gabel einstechen lassen. Mit Salz und Cayennepfeffer abschmecken und weitere 2 Minuten garen. Chilis, große Gewürzstücke und Lorbeerblätter entfernen.

Zum Servieren Yamswürfel und Krebsfleisch gleichmäßig auf vier Schalen verteilen. Die Brühe zugießen und mit Basilikum garnieren. Sofort servieren.

HINWEIS

Sie können die Yamswürfel auch größer schneiden, dann verlängert sich die Garzeit der Suppe entsprechend.

SUPPE MIT WOLFSBARSCH UND AUBERGINE

Dieses Gericht ist der Auberginensauce nachempfunden, einem nigerianischen Straßenessen, das in der Regel mit gekochtem Yams oder Kochbananen serviert wird. Dafür werden Zwiebeln und Carobsamen in Palmöl angedünstet, die mit gehackten gekochten Afrikanischen Auberginen und etwas Räucherfisch gemischt werden. Da Afrikanische Auberginen in Europa nicht ganz einfach zu finden sind, habe ich normale Auberginen verwendet. Sie haben ein ganz ähnliches Aromaprofil und entwickeln beim Garen eine ähnliche cremig weiche Konsistenz – perfekt für kalte Herbsttage.

ZUBEREITUNG: 20 MIN.
GARZEIT: 1 STD. 50 MIN.
FÜR 4 PERSONEN

3 Auberginen, längs halbiert
1 weiße Zwiebel, halbiert
1 rote Paprikaschote, halbiert und entkernt
1 EL Kokosöl, zerlassen (plus 2 EL, falls der Fisch gebraten wird)
1 EL Palmöl (oder Kokosöl)
1 scharfe Chilischote, entkernt und gehackt
1 TL Carobpulver
1 EL Tomatenmark
1 EL Garnelenpaste
1 TL Selleriesalz
1 TL gemahlene Kurkuma
1 TL gemahlener schwarzer Pfeffer, plus mehr zum Abschmecken
Salz
4 Wolfsbarschfilets

Dämpfeinsatz

Den Backofen auf 180 °C vorheizen.

Auberginen, Zwiebel und Paprika mit der Schnittseite nach unten auf einem Backblech verteilen und mit dem Kokosöl bestreichen. Im vorgeheizten Ofen 40–60 Minuten garen, bis das Gemüse sehr weich und die Schalen geschwärzt sind. Abkühlen lassen. Die Häute abziehen. Das Fruchtfleisch, gegebenenfalls portionsweise, pürieren.

Das Palmöl in einem großen Topf zerlassen und das Gemüsepüree zugeben. Mit 800 ml Wasser ablöschen. Chili, Carobpulver, Tomatenmark und Garnelenpaste einrühren und alles bei starker Hitze zum Kochen bringen. Dann die Suppe 40 Minuten bei schwacher Hitze köcheln lassen. Mit Selleriesalz, Kurkuma und schwarzem Pfeffer würzen. Weitere 5 Minuten köcheln lassen und mit Salz abschmecken.

Inzwischen einen Topf mit Wasser füllen und dieses zum Kochen bringen. Einen Dämpfeinsatz daraufsetzen und die Fischfilets mit der Hautseite nach unten hineinlegen. Den Fisch mit wenig Salz und Pfeffer würzen und abgedeckt 5 Minuten gar dämpfen. Alternativ die Fischfilets leicht salzen und pfeffern. 2 EL Kokosöl in einer Pfanne zerlassen. Die Fischfilets darin 3 Minuten mit der Hautseite nach unten braten. Dabei die Filets mit dem Pfannenwender andrücken, damit sie sich nicht nach oben biegen. Wenden und von der anderen Seite 2 Minuten braten.

Zum Servieren die Suppe in vier flache Schalen füllen und die Fischfilets hineinsetzen. Sofort servieren.

RÄUCHERLACHSSUPPE MIT BAOBAB

Miyan Kuka (Hausa)

Im Norden von Nigeria werden die Blätter des Baobabbaums wesentlich häufiger zubereitet als die Marshmallow-artigen, sehr nährstoffreichen Früchte, die in Europa getrocknet und zu Pulver gemahlen mittlerweile in jedem Reformhaus und Biomarkt erhältlich sind. Diese Suppe ist ein gutes Beispiel für den vielfältigen Einsatz des feinsäuerlichen Aromas der Baobabfrucht.

ZUBEREITUNG: 10 MIN.
GARZEIT: 40 MIN.
FÜR 4 PERSONEN

1 EL Kokosöl
1 Zwiebel, gehackt
1 Stück Ingwer (2 cm), geschält und gerieben
1 l Fischfond (oder Gemüsebrühe)
2 Karotten, klein gewürfelt
4 kleine weißfleischige Süßkartoffeln, geschält und klein gewürfelt
2 EL Baobabpulver
200 g Räucherlachs, in Streifen geschnitten
Salz, grob gemahlener schwarzer Pfeffer und Cayennepfeffer

FÜR DIE KOCHBANANEN-CROÛTONS
1 grüne Kochbanane
1 TL Zwiebelgranulat
1 TL Selleriesalz
2 EL Erdnussöl

Den Backofen auf 180 °C vorheizen und ein Backblech mit Backpapier belegen.

Das Kokosöl in einem großen Topf bei mittlerer Hitze zerlassen. Zwiebel und Ingwer darin 8 Minuten weich dünsten. Mit dem Fischfond abgießen. Bei starker Hitze zum Kochen bringen. Karotten und Süßkartoffeln zugeben. Das Baobabpulver einrühren und alles 20 Minuten bei mittlerer Hitze garen, bis Süßkartoffeln und Karotten weich sind.

Inzwischen die Kochbanane schälen und in Würfel schneiden. Zwiebelgranulat, Selleriesalz und Erdnussöl in einem tiefen Teller mischen und die Bananenwürfel darin wenden. Auf dem vorbereiteten Backblech verteilen und im vorgeheizten Ofen 15 Minuten goldbraun und knusprig backen.

Die Suppe mit einem Stabmixer pürieren. Alternativ portionsweise in einen Mixer füllen und pürieren. Den Räucherlachs unterrühren. Die Suppe mit Salz und Pfeffer abschmecken.

Die Suppe in vier Schalen füllen und mit den Kochbananen-Croûtons garnieren. Sofort servieren.

FISCHSUPPE MIT OKRASCHOTEN

Obe Ila Osun (Yoruba)

Meine Mutter liebt nichts mehr als Fisch oder Meeresfrüchte mit Okraschoten. Je besser sie drauf ist, desto edler wird der verwendete Fisch. Für sie ist der Schlüssel zu einer wirklich guten Okrasuppe, dass das Gemüse so fein wie möglich geschnitten wird. Servieren Sie die Suppe allein oder mit Eba (s. S. 29) und Paprikasuppe (Obe Ata, s. S. 17), wie auf der Abbildung auf Seite 31 zu sehen ist.

ZUBEREITUNG: 15 MIN.
GARZEIT: 25 MIN.
FÜR 4 PERSONEN

4 EL Kokosöl
1 Zwiebel, fein gehackt
1 scharfe Chilischote, entkernt und gehackt
30 Okraschoten, geputzt und fein gehackt
1 Gemüsebrühwürfel, zerbröselt
1 TL getrockneter Dill
2 Wolfsbarschfilets, gewürfelt
170 g rohe Garnelen
80 g küchenfertige Kalmarringe
Salz und Cayennepfeffer

Die Hälfte des Kokosöls in einem großen Topf bei mittlerer Hitze zerlassen. Die Zwiebel darin 5 Minuten dünsten. Chili und Okraschoten zugeben und 2 Minuten mitbraten.

Brühwürfel und Dill untermischen. Mit 300 ml Wasser ablöschen und alles zum Kochen bringen. Die Hitze reduzieren und 10 Minuten köcheln lassen.

Fisch, Garnelen und Kalmarringe zugeben und 4 Minuten ziehen lassen, bis sie gar sind. Mit Salz und Cayennepfeffer abschmecken. Sofort servieren.

MAKRELENSALAT MIT YAMSWURZELPUFFERN

Salate wie dieser gelten in Nigeria üblicherweise nicht als vollwertige Mahlzeit, auch wenn er ehrlich gesagt ziemlich sättigend ist und durch die Makrelenfilets mit ihrem tollen würzig-salzigen Aroma nach mehr schmeckt. Das Gericht ist vor allem bei dem Stamm der Igbo beliebt, wo es traditionell mit Maniok zubereitet wird, der über Nacht eingeweicht und dann in der Sonne getrocknet wird. Aber dafür reicht meine Geduld nicht aus. Für Puffer verwende ich Puna-Yams.

ZUBEREITUNG: 30 MIN.
GARZEIT: 30 MIN.
FÜR 4 PERSONEN

FÜR DEN PUFFERTEIG

- 300 g Puna-Yamswurzel
- 1 rote Zwiebel, fein gehackt
- 1 Ei (Klasse L), verquirlt
- 2 EL Kokos Aminos (oder 2 TL Garnelenpaste)
- 1 EL Carobpulver
- 1 TL Zwiebelgranulat
- 1 TL Selleriesalz
- ½ TL gemahlene Gewürznelken
- ½ TL Zimtpulver
- ½ TL geriebene Muskatnuss
- Körner von 1 Selimpfefferschote, zerdrückt
- ½ TL gemahlener Kreuzkümmel
- Salz und Cayennepfeffer
- 120 ml Erdnussöl (oder Kokosöl)

- 4 Afrikanische Auberginen (oder 2 Auberginen), in dicken Scheiben
- 4 EL Erdnussöl
- Salz und Cayennepfeffer
- 2 geräucherte Makrelenfilets, gehäutet und zerteilt
- 80 g junge Spinatblätter, gehackt
- Chiliöl, zum Servieren

Den Backofen auf 180 °C vorheizen.

Für den Pufferteig die Yams in dicke Stücke schneiden und mit einem Messer schälen. Die Yamsstücke halbieren und reiben. In eine große Schüssel mit kaltem Wasser geben und waschen. Das Wasser abgießen, die Yams ausdrücken und mit Küchenpapier abtupfen. In eine Schüssel geben und mit Zwiebel, Ei, Kokos Aminos, Carobpulver, Zwiebelgranulat, Selleriesalz, Gewürzen und Salz sorgfältig vermengen.

Die Auberginenscheiben mit dem Erdnussöl bestreichen. Leicht mit Salz und Cayennepfeffer würzen und im vorgeheizten Ofen 30 Minuten garen, bis sie weich und leicht gebräunt sind.

Inzwischen für die Puffer in einer großen beschichteten Pfanne das Öl zerlassen. Etwa vier Puffer in Größe von 2 EL Yams-Mischung hineinsetzen. Mit dem Löffelrücken zu Puffern verstreichen und bei mittlerer bis starker Hitze 5 Minuten von jeder Seite knusprig braun garen. Auf Küchenpapier abtropfen lassen. Die restliche Yamsmasse ebenso verarbeiten, sodass 12 Puffer entstehen.

Makrelenfilets und Spinat in einer Schüssel vermengen und mit den Auberginenscheiben und Yamspuffern auf vier Tellern anrichten. Mit etwas Chiliöl beträufeln und sofort servieren.

HIBISKUS-SUMACH-GARNELEN

Meine Freundin Tokunbo macht die besten Suya-Garnelen, die man sich vorstellen kann. Weil ich aber nicht zu viele Suya-Rezepte in diesem Buch haben wollte, verwende ich für meine Version Hibiskus und Sumach. Auch wenn Sumach in Westafrika nicht so gebräuchlich ist wie in Nordafrika, harmonieren seine zitronigen Aromen dennoch großartig mit denen des Hibiskus.

ZUBEREITUNG: 5 MIN.
GARZEIT: 10 MIN.
FÜR 4 PERSONEN

2 EL Kokosöl, zerlassen, plus mehr zum Braten
2 EL frisch gepresster Zitronensaft
1 TL zerstoßene Chiliflocken
1 TL Zwiebelgranulat
1 TL gemahlener Ingwer
1 TL gemahlener Koriander
1 EL fein geschnittene getrocknete Hibiskusblüten
1 EL Sumach
1 TL getrockneter Estragon
Salz und schwarzer Pfeffer
1 Schalotte, in feine Streifen geschnitten
500 g rohe Garnelen

Das Kokosöl in einer Schüssel mit Zitronensaft, Chiliflocken, Zwiebelgranulat, Ingwer, Koriander, Hibiskus, Sumach und Estragon verrühren. Salzen und pfeffern. Die Garnelen darin wenden.

Kokosöl in einer kleinen Pfanne bei mittlerer Hitze zerlassen. Die Schalotte darin etwa 3 Minuten dünsten. Die Marinade möglichst gut von den Garnelen abschütteln. Dann die Garnelen in die heiße Pfanne geben und etwa 4 Minuten unter ständigem Rühren braten, bis sie rosa und gar sind.

Auf Tellern anrichten und sofort servieren.

GUAVEN-LACHS-FRIKADELLEN

Fertige Fischfrikadellen kaufe ich nicht gern im Laden, weil sie sich auch zu Hause sehr einfach zubereiten lassen und man verschiedenste, meist bessere Zutaten verwenden kann. Ich greife hier zu Süßkartoffeln, weil sie für eine fluffige Textur sorgen, und gebe auch Guaven dazu, die in Nigeria recht beliebt sind, in Europa aber eher ein Schattendasein führen. Die süßsäuerliche Frucht harmoniert perfekt mit dem Lachs und sorgt für einen wunderbar tropischen Touch.

ZUBEREITUNG: 20 MIN. PLUS KÜHLZEIT
GARZEIT: 40 MIN.
FÜR 4 PERSONEN

600 g weißfleischige Süßkartoffeln, geschält und klein geschnitten
200 g Guaven in Sirup (aus der Dose), abgespült und abgetropft
105 g rosa Lachs (aus der Dose), abgetropft
2 TL getrockneter Thymian
2 TL Zwiebelgranulat
1 TL zerstoßene Chiliflocken
1 TL gemahlener Ingwer
Weizenmehl, zum Verarbeiten
2 EL Kokosöl
Zitronenspalten, zum Servieren

Die Süßkartoffeln waschen und in einem Topf mit kochendem Salzwasser 15–20 Minuten weich garen. Das Wasser abgießen und die Süßkartoffeln in einem Sieb abtropfen lassen. In einer Schüssel zerstampfen, bis ein lockeres Püree entstanden ist.

In einer zweiten Schüssel die Guavenhälften mit einer Gabel zerdrücken. Lachs, Thymian, Zwiebelgranulat, Chiliflocken und Ingwer untermischen. Die Masse in einem Sieb ausdrücken, um überschüssige Flüssigkeit zu entfernen, und sorgfältig unter das Süßkartoffelpüree ziehen. Mit leicht bemehlten Händen acht Küchlein aus der Masse formen und 30 Minuten im Kühlschrank fest werden lassen.

In einer großen Pfanne 1 EL Kokosöl bei mittlerer Hitze zerlassen. Die Hälfte der Frikadellen darin 5 Minuten von jeder Seite gar und goldbraun braten. Mit dem restlichen Kokosöl und Frikadellen wiederholen. Je zwei Fischfrikadellen mit Zitronenspalten zum Beträufeln auf vier Tellern anrichten und sofort servieren.

GARNELENBÄLLCHEN MIT BASILIKUM

Egusi-Kerne sind eine sehr vielseitige Zutat. Ich verwende sie nicht nur für Suppen und Salate, sondern auch für diese Garnelenbällchen. Ihr nussiges Aroma wird perfekt durch den würzigen Tomatendip ergänzt. Die Garnelenbällchen sind schnell zubereitet und ideal, wenn sich kurzfristig Besuch ankündigt.

ZUBEREITUNG: 20 MIN.
BACKZEIT: 10 MIN.
FÜR 4 PERSONEN

330 g ausgelöste, entdarmte rohe Garnelen
1 TL Zwiebelgranulat
1 TL Selleriesalz
½ TL Cayennepfeffer
1 TL Carobpulver
1 TL Erdnussöl, plus mehr zum Braten
Salz
1 EL feiner Maisgrieß
gemahlene Egusi-Kerne, zum Panieren

FÜR DEN TOMATENDIP
90 g Tomatenmark
1 EL Garnelenpaste
1 EL Kokos Aminos (nach Belieben)
2 EL Zwiebelgranulat
1 EL gemahlener Ingwer
Cayennepfeffer
2 EL Kokosöl, zerlassen

Den Backofen auf 180 °C vorheizen und ein Backblech mit Backpapier belegen.

Die Garnelen mit Küchenpapier trocken tupfen und grob hacken. In ein Sieb geben und sanft ausdrücken, um überschüssige Flüssigkeit zu entfernen. Die Garnelen in eine Schüssel geben und mit Zwiebelgranulat, Selleriesalz, Cayennepfeffer, Carobpulver und Erdnussöl vermengen. Salzen. Mit einem Stabmixer zu einer stückigen Masse verarbeiten. Den Maisgrieß einrühren. Mit Frischhaltefolie abgedeckt 60 Minuten im Kühlschrank ziehen lassen.

Inzwischen für den Dip alle Zutaten in einer Schüssel verrühren.

Aus der Garnelenmasse etwa 20 kleine Kugeln formen und in den gemahlenen Egusi-Kernen wälzen. Die Panade gut andrücken. Die Bällchen auf das vorbereitete Backblech setzen und im vorgeheizten Ofen 10 Minuten gar braten. Dabei nach der Hälfte der Zeit wenden, sodass sie rundum schön gebräunt werden.

Aus dem Ofen nehmen und 5 Minuten abkühlen lassen. Mit dem Dip servieren.

IJEBU-FISCHROLLEN

Wenn ich meine Oma in Ijebu besuchte, gingen wir oft in ihrer Nachbarschaft spazieren. Die Dame, die hinter ihrem Haus wohnte, verkaufte Fischrollen, die so beliebt waren, dass sich oft eine lange Warteschlange bildete. Die frittierten Rollen waren außen herrlich knusprig und innen wunderbar weich und saftig. Sie waren entweder mit Makrelen oder Sardinen gefüllt – dazu gab es eine fruchtige Tomatensauce.

ZUBEREITUNG: 30 MIN. PLUS AUFGEHZEIT
GARZEIT: 10 MIN.
FÜR 4 PERSONEN

FÜR DEN TEIG

- 400 g Weizenmehl, plus etwas zum Bestäuben
- 1 EL Kokosblütenzucker (oder Rohrohrzucker)
- ½ TL geriebene Muskatnuss
- 1 TL Salz
- ½ TL Trockenbackhefe
- 1 Eigelb
- Erdnussöl, zum Ausbacken

FÜR DIE FISCHFÜLLUNG

- 4 geräucherte Makrelenfilets
- 2 EL Tomatenmark
- 1 TL Zwiebelgranulat
- 1 TL getrocknete Petersilie
- 1 TL gemahlener Koriander

Für den Teig Mehl, Zucker, Muskat, Salz und Hefe in einer Schüssel mischen. Eine Vertiefung in die Mitte drücken. Das Eigelb und 200 ml lauwarmes Wasser hineingeben. Die Trockenzutaten nach und nach von Hand einarbeiten, bis sie gebunden sind. Den Teig auf eine leicht bemehlte Arbeitsfläche geben und 5 Minuten kneten. Zu einer Kugel formen, in eine Schüssel geben und abgedeckt 30 Minuten gehen lassen.

Inzwischen für die Füllung die Makrelenfilets in Stücke zerteilen. Mit Tomatenmark, Zwiebelgranulat, Petersilie und Koriander sorgfältig vermengen.

Den Teig auf einer leicht bemehlten Arbeitsfläche kurz durchkneten, damit die Luft entweichen kann. In 8 Portionen teilen und zu 2 mm dicken, etwa 10 x 15 cm großen Rechtecken ausrollen. Die Kanten begradigen. Je ein Achtel der Fischmischung auf einer Längskante verteilen, dabei zu beiden Seiten einen Rand von 1 cm frei lassen. Die beiden Seiten einschlagen und die Teigplatte aufrollen.

Erdnussöl 4 cm hoch in einen großen Topf füllen und heiß werden lassen. Die richtige Temperatur ist erreicht, wenn sich um einen hineingehaltenen Holzlöffelstiel direkt Bläschen bilden. Die Fischrollen in zwei Portionen darin 2 Minuten ausbacken. Wenn die Unterseite zu bräunen beginnt, die Fischrollen wenden und weitere 2 Minuten garen. Mit einem Schaumlöffel herausheben und auf Küchenpapier abtropfen lassen. Vor dem Servieren 5 Minuten abkühlen lassen.

TILAPIARÖLLCHEN MIT AYAMASE

Als ich zum ersten Mal Ayamase auf meinem Teller hatte, wäre ich am liebsten (wie bei allem Grünzeug) sofort davongelaufen. Doch da viele meiner Freunde an der Uni immer wieder davon schwärmten, wollte ich es mal genauer wissen. In seiner rohen Form ist Ayamase quasi die nigerianische Version von Pesto, aber mit Kick. Nach diversen Versuchen fand ich heraus, dass Palmöl die entscheidende Zutat für den Geschmack ist, wobei auch andere Öle verwendet werden können – aber das Aroma ist dann anders. Traditionell verwendet man in Nigeria eher Carobfrüchte (Iru) und nicht das Pulver. Aber letzteres ist in Europa viel leichter erhältlich (in Biomärkten und Reformhäusern). Ayamase passt besonders gut zu Buntbarsch, der in Nigeria sehr beliebt ist.

ZUBEREITUNG: 20 MIN.
GARZEIT: 25 MIN.
FÜR 4 PERSONEN

FÜR DAS AYAMASE
- 2 EL Palmöl
- 4 grüne Paprikaschoten, entkernt und klein geschnitten
- 1 scharfe Chilischote, entkernt und gehackt
- 1 grüne Tomate, klein geschnitten (nach Belieben)
- 1 große Zwiebel, gehackt
- 1 TL Carobpulver
- 1 EL Garnelenpaste
- 1 TL Selleriesalz
- 1 TL gemahlener schwarzer Pfeffer
- 1 TL gemahlener weißer Pfeffer
- 2 TL Zwiebelgranulat
- ½ TL gemahlene Kurkuma
- Salz und Cayennepfeffer

- 4 große Tilapiafilets
- 2 EL Kokosöl, zerlassen

ZUM SERVIEREN
- Spinat, leicht gedünstet
- gebratene Puna-Yamswurzel
- Chiliöl

Den Backofen auf 180 °C vorheizen.

Für das Ayamase das Palmöl in einem Topf auf mittlerer bis hoher Stufe bei aufgesetztem Deckel 5 Minuten bis zum Rauchpunkt erhitzen. Vom Herd nehmen und ohne den Deckel abzunehmen abkühlen lassen.

Paprika, Chili, nach Belieben Tomate und Zwiebel grob pürieren. Die Masse in einen Nussmilchbeutel oder ein Küchenmusselin geben und ausdrücken. Alternativ in einem feinen Sieb ausdrücken. In eine Schüssel geben und Carobpulver, Garnelenpaste, Gewürze und Palmöl sorgfältig unterrühren. Für das Gericht 60 g abwiegen. Das restliche Ayamase kann als Dip oder zu Reis serviert werden.

Die Tilapiafilets längs durchschneiden und je 1 gehäuften EL Ayamase darauf verstreichen. Die Fischfilets aufrollen und mit der Naht nach unten in eine Bratform setzen.

Die Fischrollen mit Kokosöl und restlichem Ayamase bestreichen und 12–15 Minuten im vorgeheizten Ofen garen.

Mit gedünstetem Spinat und Yamswurzel auf Tellern anrichten und großzügig mit Chiliöl beträufeln. Sofort servieren.

HINWEIS
Damit das Palmöl noch aromatischer wird, eine Zwiebel mit in den Topf geben und dann bis zum Rauchpunkt erhitzen. Wenn das Öl erkaltet, aber immer noch flüssig ist, die geschwärzte Zwiebel entfernen und das Öl wie beschrieben weiterverarbeiten. Das Ayamase kann im Voraus und auch in der doppelten Menge zubereitet werden. Es hält sich bis zu einer Woche im Kühlschrank oder bis zu einem Monat im Gefrierfach.

JAKOBSMUSCHELN IN GRAPEFRUITSAUCE

Viele meiner Freunde trauen sich nicht an Jakobsmuscheln heran. Dabei ist diese Scheu völlig unbegründet, weil Jakobsmuscheln sich schnell und einfach zubereiten lassen, und dieses Gericht ist eine tolle, elegante Vorspeise. Der feinsäuerliche Grapefruitsaft schafft den perfekten Ausgleich zur Süße des Kokosblütensirups (oder Honigs) – eine Kombination, die eigentlich zu allen Meeresfrüchten passt.

ZUBEREITUNG: 5 MIN.
GARZEIT: 20 MIN.
FÜR 4 PERSONEN

4 EL Kokosöl, zerlassen
2 Schalotten, sehr fein gehackt
½ scharfe Chilischote, entkernt und gehackt
1 Stück Ingwer (2 cm), geschält und fein gerieben
Saft von ½ Grapefruit
2 EL Kokosblütensirup (oder Honig)
Salz und Cayennepfeffer
400 g Jakobsmuschelherzen, TK-Ware aufgetaut

Die Hälfte des Kokosöls in einer kleinen Pfanne bei schwacher bis mittlerer Hitze zerlassen. Schalotten und Chili darin 2 Minuten weich dünsten. Ingwer, Grapefruitsaft und Kokosblütensirup zufügen und 5 Minuten mitgaren, bis die Mischung sirupartig eingedickt ist. Mit Salz und Cayennepfeffer abschmecken.

Die Jakobsmuscheln mit Küchenpapier abtupfen. Das restliche Kokosöl in einer großen Pfanne bei mittlerer bis starker Hitze zerlassen. Die Jakobsmuscheln darin in zwei Portionen 3 Minuten von jeder Seite goldbraun braten.

Die Jakobsmuscheln auf vier Tellern anrichten und mit der Sauce beträufeln.

JAKOBSMUSCHELN MIT MORINGA UND ZITRONE

Den Pflanzenteilen des Moringabaums werden viele positive gesundheitsfördernde Eigenschaften zugesprochen. Deshalb ist dieses Rezept besonders reizvoll für alle, die sich gesund ernähren wollen. Ich habe die Moringablätter hier allerdings in erster Linie verwendet, weil sie eine Zutat der Hausa-Küche sind, wenn auch eher für Fleisch als für Fisch. Moringa hat ein ganz spezielles und je nach Pflanzenteil – Blüten, Samen, Blätter oder Wurzeln – eigenes Aroma, und das Aroma der hier verwendeten gemahlenen Blätter passt sehr gut zu Jakobsmuscheln. Zusammen mit einem Okra-Mango-Salat (s. S. 20) wird daraus eine tolle Vorspeise.

ZUBEREITUNG: 5 MIN.
BACKZEIT: 20 MIN.
FÜR 4 PERSONEN

400 g Jakobsmuschelherzen, aufgetaut, falls gefroren
2 EL Kokosöl, zerlassen
1 Schalotte, sehr fein gehackt
1 EL Moringa-Pulver
2 TL gemahlener Ingwer
2 EL frisch gepresster Zitronensaft
Salz und weißer Pfeffer

Den Backofen auf 180 °C vorheizen und ein Backblech mit Backpapier belegen.

Die Jakobsmuscheln mit Küchenpapier trocken tupfen. Das Kokosöl in einer Schüssel mit Schalotte, Moringa, Ingwer und Zitronensaft verrühren. Salzen und pfeffern. Die Jakobsmuscheln sorgfältig darin wenden. Auf das vorbereitete Backblech setzen und im vorgeheizten Ofen 20 Minuten garen.

Sofort servieren.

GEGRILLTER KALMAR

Nigerianisches Straßenessen wird oft über heißen Kohlen zubereitet und hat daher ein tolles Raucharoma. Da Meeresfrüchte in der nigerianischen Küche nicht so üblich sind wie Fleisch, ist auch dieser gegrillte Tintenfisch kein klassisches Straßenessen, er wäre aber mein Beitrag dazu. Das Gericht ist schnell zubereitet, feurig und superlecker – Streetfood vom Feinsten!

ZUBEREITUNG: 5 MIN.
GARZEIT: 10 MIN.
FÜR 4 PERSONEN

12 küchenfertige Kalmarmäntel, TK-Ware aufgetaut
1 EL Kokosöl, zerlassen
2 scharfe Chilischoten, entkernt und gehackt
1 TL Selleriesalz
Salz, schwarzer Pfeffer oder Cayennepfeffer
Chiliöl, zum Beträufeln

Die Kalmarmäntel in einer Schüssel mit Kokosöl, Chili und Selleriesalz mischen.

Eine Grillpfanne auf mittlerer bis hoher Stufe erhitzen. Die Kalmare portionsweise darin 2 Minuten unter häufigem Wenden mit einer Küchenzange garen, bis sich deutliche Grillstreifen abzeichnen.

Mit Salz und schwarzem Pfeffer oder Cayennepfeffer würzen und mit Chiliöl beträufeln. Sofort servieren.

MIESMUSCHELN

Die Leidenschaft meiner Mutter für Meeresfrüchte hat auf mich abgefärbt. Ich vermute mal, weil sie so schnell und unkompliziert zubereitet werden können. Durch meine Mutter habe ich Miesmuscheln kennengelernt, auch wenn ich ihre Konsistenz am Anfang fies fand. Aber mittlerweile finde ich sie richtig lecker. Das vollmundige, süße Fleisch der Muscheln harmoniert super mit der säuerlichen, herzhaften Maniokwurzel. Wenn Sie kein Maniokmehl finden, ist das nicht weiter tragisch, da das Gericht noch viele weitere interessante Aromen zu bieten hat.

ZUBEREITUNG: 10 MIN.
GARZEIT: 15 MIN.
FÜR 4 PERSONEN

- **1,5 kg große Miesmuscheln, abgebürstet und Bärte entfernt**
- **4 EL Palmöl (oder Kokosöl)**
- **½ Zwiebel, fein gehackt**
- **1 Stange Staudensellerie, fein gehackt**
- **2 EL Maniokmehl (oder Weizenmehl)**
- **1 TL gemahlener Ingwer**
- **2 EL Palmessig (oder Weißweinessig)**
- **180 ml Reisdrink**
- **1 EL fein gehackter junger Spinat**
- **Salz und schwarzer Pfeffer**

Die Muscheln in einem Sieb abspülen. Geöffnete Exemplare, die sich nicht sofort schließen, wenn man sie auf eine Arbeitsfläche klopft, und Exemplare mit beschädigter Schale entsorgen.

Die Muscheln mit 240 ml Wasser in einen großen Topf geben und zum Kochen bringen. Den Deckel aufsetzen und die Muscheln 4–5 Minuten dämpfen, bis sie sich geöffnet haben. Vom Herd nehmen und abkühlen lassen, bis die Muscheln in die Hand genommen werden können. Aus den Schalen lösen und in kleine Stücke schneiden. Die Hälfte der Schalen entsorgen.

Das Öl in einem Topf bei schwacher bis mittlerer Hitze zerlassen. Zwiebel und Sellerie darin 5 Minuten andünsten. Mehl und Ingwer einstreuen und anschwitzen. Den Essig unterrühren. Nach und nach den Reisdrink einarbeiten. Einige Minuten weiterrühren, bis die Sauce einzudicken beginnt. Den Topf vom Herd nehmen und Spinat und Muscheln unterziehen. Mit Salz und Pfeffer abschmecken.

Die Muscheln mit der Sauce in den Muschelschalen anrichten und sofort servieren.

KALMARRINGE MIT ERDNUSS-GARRI-PANADE

Meine Freundin Abigail, von der ich das Bananenbrot in diesem Buch habe, ist ganz verrückt auf Calamari, darum wollte ich sie auch mal probieren. Also habe ich ihr gleich zwei Rezepte zu verdanken. Dieses Rezept habe ich selbst weiterentwickelt und für die Panade neben Semmelbröseln auch Garri und Erdnussmus verwendet. Für mich ist Erdnussmus so etwas wie afrikanischer Senf, weil es so häufig und reichlich verwendet wird und einfach unverzichtbar für die nigerianische Küche ist.

ZUBEREITUNG: 20 MIN.
GARZEIT: 10 MIN.
FÜR 4 PERSONEN

FÜR DEN KOKOSDIP
4 EL Kokoscreme
1 TL frisch gepresster Zitronensaft
2 TL gehacktes (Nelken-) Basilikum
1 TL Zwiebelgranulat
½ TL Selleriesalz
Salz und Pfeffer

400 g Kalmarringe, TK-Ware aufgetaut
50 g Maniokmehl (oder Weizenmehl)
1 EL geröstetes Erdnussmehl
1 Prise Cayennepfeffer
2 Eier, leicht verquirlt
4 TL Erdnussmus (oder Cashewmus)
110 g Garri
100 g Semmelbrösel
Salz und schwarzer Pfeffer
Erdnussöl, zum Ausbacken

Für den Dip alle Zutaten in einer Schüssel verrühren. Mit Salz und Pfeffer abschmecken. Beiseitestellen.

Die Kalmarringe mit Küchenpapier trocken tupfen. Die beiden Mehlsorten und Cayennepfeffer in einem tiefen Teller mischen. In einem zweiten tiefen Teller Eier und Erdnussmus verquirlen. In einem dritten tiefen Teller Garri und Semmelbrösel mit etwas Salz und Pfeffer mischen. Die Kalmarringe zunächst in der Mehlmischung wenden und überschüssiges Mehl abklopfen. Dann durch die Eiermischung ziehen und abtropfen lassen. Zuletzt in der Garri-Mischung wälzen.

Einen mittelgroßen Topf zu zwei Dritteln mit Erdnussöl füllen und auf mittlerer bis hoher Stufe erhitzen. Die richtige Temperatur ist erreicht, wenn sich um einen hineingehaltenen Holzlöffelstiel direkt Bläschen bilden. Die Hälfte der Kalmarringe hineingeben und 2 Minuten goldbraun ausbacken. Mit einem Schaumlöffel herausheben und auf Küchenpapier abtropfen lassen. Das Öl wieder heiß werden lassen und die andere Hälfte der Kalmarringe ebenso ausbacken.

Die Kalmarringe auf vier Tellern anrichten und mit dem Kokosdip servieren.

THUNFISCHSPIESSE MIT KOCHBANANEN-WEDGES

Als ich jünger war, machte meine Mutter diese Spieße immer zu meinen Geburtstagspartys. Es macht nicht nur Spaß, die Spieße zusammenzustecken, die Aromen von Thunfisch und Früchten passen auch gut zusammen.

ZUBEREITUNG: 25 MIN. PLUS MARINIERZEIT
GARZEIT: 30 MIN.
FÜR 4 PERSONEN

FÜR DIE KRÄUTERMARINADE
- **2 EL Erdnussöl**
- **1 EL frisch gepresster Zitronensaft**
- **1 Stück Ingwer (4 cm), geschält und gerieben**
- **1 scharfe Chilischote, entkernt und gehackt**
- **1 TL Zwiebelgranulat**
- **1 TL gemahlener Ingwer**
- **1 TL Knoblauchgranulat**
- **1 TL Selleriesalz**
- **1 TL getrocknete Petersilie**
- **1 TL getrockneter Estragon**
- **1 TL getrockneter Thymian**
- **Salz und Cayennepfeffer**

- **240 g Thunfischsteak, in 2 cm großen Würfeln**
- **¼ große rote Zwiebel, in 2 cm großen Würfeln**
- **1 rote oder orange Paprikaschote, entkernt und in 2 cm großen Quadraten**
- **1 kleine Mango oder Papaya, geschält, Fruchtfleisch in 2 cm großen Würfeln**
- **½ kleine Ananas, geschält, Fruchtfleisch in 2 cm großen Würfeln**
- **1 Kiwi, geschält, halbiert und in Scheiben**

Für die Kräutermarinade alle Zutaten in einer Schüssel verrühren. Bei Bedarf mit Salz oder Cayennepfeffer nachwürzen. Die Thunfischwürfel darin wenden. Mit Frischhaltefolie abdecken und den Thunfisch für 15–20 Minuten im Kühlschrank marinieren.

Den Backofen auf Grillfunktion stellen (Umluftgrill 180 °C) und ein Backblech mit Backpapier belegen.

Für die Kochbananen in einer zweiten großen Schüssel das Erdnussöl mit dem Muskat verrühren. Mit Salz und Cayennepfeffer würzen. Die Kochbananen längs halbieren und diagonal in dicke Scheiben schneiden. Die Kochbananen im gewürzten Öl wenden. So auf dem vorbereiteten Backblech verteilen, dass die Thunfischspieße noch Platz finden, und 20 Minuten im vorgeheizten Ofen grillen.

Für die Spieße je 1 Thunfischwürfel, gefolgt von 2 Zwiebelstücken, 2 Paprikastücken, 1 Mangowürfel und 1 Ananaswürfel auf die Spieße stecken. Die Reihenfolge wiederholen und zuletzt die Kiwistücke daraufstecken. Die Zutaten reichen für 4 dicht bestückte bzw. 6–8 locker bestückte Spieße.

Die Spieße auf das Backblech neben die Kochbananen legen und 8 Minuten grillen. Dabei die Spieße nach der Hälfte der Zeit wenden. Die Thunfischwürfel sollten durchgegart und die Kochbananen-Wedges weich sein.

FÜR DIE KOCHBANANEN-WEDGES

- 2 EL Erdnussöl
- 2 Prisen geriebene Muskatnuss
- 2 gelbe Kochbananen
- grob gehackte Erdnüsse (oder Cashewkerne), zum Servieren (nach Belieben)

Holzspieße, 15 Minuten in Wasser eingeweicht

Die Spieße mit den Kochbananen-Wedges auf Tellern anrichten. Die Kochbananen nach Belieben mit Erdnüssen bestreuen. Sofort servieren.

SEEZUNGE OSUN

Wie die Rindersteaks Shango (s. S. 146) ist auch dieses Rezept von der Mythologie der Yoruba inspiriert. Osun ist die Göttin des Süßwassers und der Liebe, die in der Regel in einem gelben Gewand mit gelben Accessoires dargestellt wird. Deshalb verwende ich Carobpulver für eine süße Note und Mango, weil sie als Aphrodisiakum gilt. Außerdem sind beide Zutaten gelb. Und weil Osun eine Wassergöttin ist, muss es natürlich auch Fisch, konkret Seezunge sein, die sehr gut mit den Aromen der Sauce harmoniert.

ZUBEREITUNG: 5 MIN.
BACKZEIT: 15 MIN.
FÜR 4 PERSONEN

Kokosöl, zum Einfetten
4 Seezungenfilets
1 TL Selleriesalz
1 EL Carobpulver
Salz, schwarzer Pfeffer und Cayennepfeffer
1 Stück Ingwer (4 cm), geschält und gerieben
1 scharfe Chilischote, entkernt und gehackt
1 Mango, geschält, Fruchtfleisch klein gewürfelt
gekochte Yamswurzel, zum Servieren (nach Belieben)
grob gehacktes Koriandergrün, zum Servieren (nach Belieben)

Den Backofen auf 180 °C vorheizen. Eine große Auflaufform mit Backpapier auslegen und leicht mit Kokosöl einfetten.

Die Seezungenfilets in die Form legen. Mit Selleriesalz und Carobpulver bestreuen. Mit Salz sowie schwarzem Pfeffer und Cayennepfeffer würzen. Ingwer, Chili und Mango darauf verteilen. Im vorgeheizten Ofen 15 Minuten garen, bis der Fisch leicht gebräunt und durchgegart ist.

Die Fischfilets mit Yams auf Tellern anrichten und nach Belieben mit Koriandergrün garnieren. Sofort servieren.

ATAMA-HUMMERSCHWÄNZE

Auch wenn das Angebot an Fisch und Meeresfrüchten groß ist, essen die Yoruba mehr Fleisch und Geflügel. In Lagos gab es meines Wissens nach nur wenige Restaurants, die auf Fisch und Meeresfrüchte spezialisiert waren. Hummer wurde meistens über offener Flamme gegrillt und mit einer üppigen Tomatensauce überzogen. Für diese leichtere, einfachere Version verwende ich Kokosöl und Estragon. Das Rezept ist inspiriert von der Efik-Volksgruppe in Nigeria, die für sehr viele Fischgerichte das nigerianische Kraut Atama verwenden, das geschmacklich Estragon nahekommt.

ZUBEREITUNG: 35 MIN.
GARZEIT: 10 MIN.
FÜR 4 PERSONEN

120 g Kokosöl, zerlassen
2 EL frische Atamablätter (oder Estragonblätter), gehackt
½ weiße Zwiebel (oder 1 Schalotte), fein gehackt
1 scharfe Chilischote, entkernt und gehackt
Salz und Cayennepfeffer
4 Hummerschwänze, TK-Ware aufgetaut
Erdnussöl, zum Bestreichen
2 TL Selleriesalz
Zitronenspalten, zum Servieren

Kokosöl, Atama, Zwiebel und Chili in einer Schüssel verrühren. Mit Salz und Cayennepfeffer würzen. Mit Frischhaltefolie abdecken und im Kühlschrank ziehen lassen.

Die Schale der Hummerschwänze auf der Bauchseite mit einer Küchenschere bis knapp vor dem Schwanzende aufschneiden. Die Schalen vom breiten Ende her mit den Daumen leicht spreizen und das Fleisch mit dem Stiel eines Teelöffels bis kurz vor dem Schwanzende von der Schale lösen. Das Fleisch in den Schalen lassen.

Den Backofen auf Grillfunktion stellen (Umluftgrill 180°C).

Die Hummerschwänze mit Erdnussöl einfetten und mit Selleriesalz würzen. Wenn der Grill heiß ist, die Hummerschwänze mit der Bauchseite nach unten etwa 5 Minuten grillen, bis die Schale leuchtend rot ist. Mit einer Grillzange wenden und gegebenenfalls das Fleisch wieder gerade in die Schalen setzen. Mit dem gewürzten Kokosöl beträufeln und die Hummerschwänze weitere 4 Minuten grillen, bis das Fleisch weiß und fest ist.

Die Hummerschwänze mit weiterem gewürztem Kokosöl beträufeln und sofort mit Zitronenspalten servieren.

GARNELENCURRY

Meine Freundin Tanya aus Sri Lanka hatte mich mal zu einer Lerngruppe eingeladen. Ihre Mutter kochte für uns ein Fischcurry mit Reis und wollte wissen, ob ich zum Essen Messer und Gabel bräuchte. Keine überraschende Frage, weil es in Nigeria üblich ist, mit den Fingern zu essen. Das ist etwas ganz Besonderes und macht ein Gericht zehnmal genussvoller. Es fühlt sich frei und ungezwungen an und man weiß, dass kein Bissen verschwendet wird. Mein Rezept ist zwar nicht das Curry von damals, aber ich habe mich dafür von den Erinnerungen an diesen Tag inspirieren lassen. Nelkenbasilikum harmoniert großartig mit den Garnelen. Zudem ist es ein tolles Gericht, wenn überraschend Leute zum Essen kommen – das war bei mir häufig der Fall, als meine Freunde mitbekamen, dass ich ein Kochbuch schreibe.

ZUBEREITUNG: 20 MIN.
GARZEIT: 30 MIN.
FÜR 4 PERSONEN

2 EL Palmöl (oder Kokosöl)
2 Lorbeerblätter
1 Zwiebel (oder 2 Schalotten), in feinen Streifen
2 grüne Paprikaschoten, entkernt und in kleinen Stücken
2 Stangen Staudensellerie, in kleinen Stücken
1 Stück Ingwer (4 cm), geschält und fein gerieben
1 TL gemahl. Gewürznelken
4 Selimpfefferschoten (nach Belieben)
1 EL Carobpulver
1 EL gemahl. Kreuzkümmel
2 EL gemahl. Koriander
1 EL gemahl. Kurkuma
1 EL Paprikapulver
2 TL Garnelenpaste
2 scharfe Chilischoten, entkernt und gehackt
1 EL fein gehacktes (Nelken-)Basilikum
400 ml Kokosmilch
400 ml Fischfond
Salz und Cayennepfeffer
400 g rohe Garnelen
gegarter brauner Rundkornreis, zum Servieren

Das Öl in einer großen schweren Pfanne bei mittlerer bis starker Hitze zerlassen. Lorbeerblätter, Zwiebel, Paprika, Sellerie und Ingwer darin 4 Minuten anbraten, bis die Zwiebel weich ist. Gewürze, Garnelenpaste, Chili und Basilikum zufügen und etwa 5 Minuten rühren, bis sich das Öl von der Paste absetzt und die Gewürze zu duften beginnen.

Kokosmilch und Fischfond in einem Messbecher verrühren und in die Pfanne gießen. Bei starker Hitze alles zum Kochen bringen. Kurz bevor die Mischung aufwallt, die Hitze reduzieren und das Curry etwa 8 Minuten sanft köcheln lassen, bis die Sauce etwas eingekocht ist. Mit Salz und Cayennepfeffer abschmecken. Die Garnelen zugeben und bei aufgesetztem Deckel 8 Minuten köcheln lassen, bis sie gar sind.

Das Curry in Schalen füllen und sofort mit Reis servieren.

GEGRILLTER TILAPIA

So ein ähnliches Gericht habe ich einmal in einem Restaurant in Brixton gegessen, bei dem ein ganzer Fisch mit einer scharfen Paste bestrichen war. Auch mein Rezept ist recht pikant, aber ich verwende Fischfilets, was die Zubereitung und auch das Essen etwas einfacher und entspannter macht. Ein tolles Gericht also für eine Essenseinladung. Tilapia ist ein gängiger Fisch in Nigeria, aber Sie können auch Filets von einem anderen weißfleischigen Fisch verwenden.

ZUBEREITUNG: 20 MIN. PLUS MARINIERZEIT
GARZEIT: 15 MIN.
FÜR 4 PERSONEN

FÜR DIE MARINADE
1 Fischfondwürfel, zerbröselt
1 TL gemahlene Gewürznelken
1 TL gemahlene Kurkuma
1 EL Erdnussöl
Salz, weißer Pfeffer und Cayennepfeffer

4 Tilapiafilets

FÜR DIE SAUCE
½ große Zwiebel, gehackt
1 rote Paprikaschote, entkernt und in Stücke geschnitten
2 Stangen Staudensellerie, in Stücke geschnitten
1 Stück Ingwer (4 cm), geschält und gehackt
2 scharfe Chilischoten, entkernt und gehackt

eine Mischung aus entkernten und in feine Streifen geschnittenen roten, gelben und orangefarbigen Paprikaschoten, zum Servieren

Für die Marinade Fischfondwürfel, Gewürznelken und Kurkuma in einer Schale mit dem Erdnussöl mischen. Mit Salz, weißem und Cayennepfeffer würzen. Die Fischfilets mit der Paste bestreichen und mit Frischhaltefolie abdecken. Im Kühlschrank mindestens 2 Stunden oder über Nacht marinieren.

Den Fisch aus dem Kühlschrank nehmen. Den Backofen auf Grillfunktion stellen (Umluftgrill 180 °C) und ein Backblech mit Alufolie belegen.

Für die Sauce Zwiebel, Paprika, Sellerie, Ingwer und Chili mit 60 ml Wasser glatt pürieren.

Die Fischfilets auf das vorbereitete Backblech legen und mit der Sauce überziehen. Unter dem heißen Grill etwa 15 Minuten garen.

Den Fisch mit den Paprikastreifen auf Tellern anrichten und sofort servieren.

KULI-KULI-KABELJAU MIT PIKANTEN YAMSWURZELFRITTEN

Fish and Chips fand ich schon immer klasse, und der Duft aus dem Fish-and-Chips-Laden auf dem Nachhauseweg von der Uni war immer eine große Verlockung. Manchmal konnte ich der Versuchung von knusprig ausgebackenem Fisch und essiggetränkten Chips einfach nicht widerstehen. Mit den Aromen von gerösteten Erdnüssen und Cayennepfeffer ist das hier meine nigerianische Interpretation des britischen Klassikers.

ZUBEREITUNG: 15 MIN. PLUS RUHEZEIT
BACKZEIT: 45 MIN.
FÜR 4 PERSONEN

Erdnussöl, zum Einfetten
4 Kabeljaufilets
1 Ei (Klasse L)
200 ml Buttermilch, gemischt mit 1 EL Zitronensaft
Zitronenhälfte, zum Servieren

FÜR DIE GEWÜRZMISCHUNG
2 EL getrockneter Dill
2 EL getrocknete Petersilie
2 EL Zwiebelgranulat
2 EL Selleriesalz
2 TL Meersalzflocken

FÜR DIE YAMSFRITTEN
800 g Yamswurzel, geschält, in dicke Stifte geschnitten
2 EL Kokosöl, zerlassen
2 EL Maniok- o. Weizenmehl
1 TL Cayennepfeffer
1 TL grob gemahlener schwarzer Pfeffer

FÜR DIE KULI-KULI-PANADE
160 g Weizenmehl
4 EL geröstetes Erdnussmehl
2 EL Speisestärke
3 TL Zwiebelgranulat
2 TL gemahlener Ingwer
2 TL Salz
2 TL Cayennepfeffer

Den Backofen auf 180 °C vorheizen. Ein Backblech mit Backpapier auslegen und das Backpapier leicht mit Erdnussöl einfetten.

Für die Gewürzmischung alle Zutaten in einem tiefen Teller mischen. Die Fischfilets darin wenden. Überschüssiges Gewürz abklopfen. Die Filets auf einen Teller legen, mit Frischhaltefolie abdecken und 30 Minuten im Kühlschrank ziehen lassen.

Inzwischen für die Fritten Wasser in einem großen Topf zum Kochen bringen. Die Yamsstifte darin 5 Minuten kochen. In einem Sieb abtropfen lassen. Aufs vorbereitete Backblech geben und mit dem zerlassenen Kokosöl bestreichen.

Das Mehl in einer Schüssel mit Cayennepfeffer und schwarzem Pfeffer mischen. Die Yamsstifte darin wenden, bis sie gleichmäßig überzogen sind. Die Stifte wieder auf das Backblech geben und im vorgeheizten Ofen 40 Minuten knusprig backen.

Inzwischen für die Kuli-Kuli-Panade alle Zutaten in einer Schüssel mischen. In einer zweiten Schüssel Ei und Buttermilch verquirlen. Die Fischfilets zuerst durch die Buttermilch ziehen und kurz abtropfen lassen, dann in der Panade wälzen. Zu den Fritten aufs Backblech legen und 15 Minuten im Ofen goldbraun und gar backen.

Den Kabeljau sofort mit den Yamswurzelfritten und Zitrone zum Beträufeln servieren.

WOLFSBARSCH MIT AUBERGINENKROKETTEN

Zitrone und Thymian sind zwei klassische Aromaten für Wolfsbarsch – einfach und lecker. Aber auch hier variiere ich gerne, und zwar mit Cayennepfeffer, um den Fisch etwas pikanter zu machen. Dazu gibt es leckere Kroketten, die außen knusprig und innen cremig sind. Bei mir bestehen sie aber nicht aus Kartoffeln, sondern aus Afrikanischen Auberginen (oder alternativ »normalen« Auberginen) und Yams. Die Auberginen sorgen für eine wunderbar seidige Textur, die herrlich mit der knusprigen Garri-Panade kontrastiert.

ZUBEREITUNG: 25 MIN.
GARZEIT 30 MIN.
FÜR 4 PERSONEN

FÜR DIE KROKETTEN

- 6 Afrikanische Auberginen (oder 2 große), in Stücken
- 150 g Puna-Yamswurzel, geschält und in Stücken
- 1 Eigelb, verquirlt
- 2 EL Kokoscreme
- 2 EL Erdnussmus
- 1 Schalotte, fein gehackt
- 1 Stange Staudensellerie, fein gehackt
- 1 scharfe Chilischote, entkernt und gehackt
- Salz und Cayennepfeffer
- 2 Eier
- 50 g Garri
- 50 g Semmelbrösel
- 500 ml Erdnussöl

- 8 Zweige Thymian
- 4 Wolfsbarschfilets
- 1 EL Kokosöl, zerlassen
- 1 Schalotte, fein gehackt
- 1 Bio-Zitrone, Schale fein abgerieben, Saft ausgepresst

Für die Kroketten Wasser in einem Topf zum Kochen bringen. Auberginen und Yams darin 10 Minuten bei mittlerer Hitze kochen, bis die Auberginen weich sind und den Yams sich mit einer Gabel einstechen lassen. Abtropfen und abkühlen lassen. Das Auberginenfleisch aus den Schalen lösen und zusammen mit dem Yams in einer Schüssel mit einer Gabel zerdrücken. Eigelb, Kokoscreme, Erdnussmus, Schalotte, Sellerie und Chili sorgfältig einarbeiten. Mit Salz und Cayennepfeffer würzen. Die Masse zu golfballgroßen Kugeln formen und 1 Stunde im Kühlschrank fest werden lassen.

Inzwischen ein Sieb mit Küchenpapier auslegen. Den Backofen auf 180 °C vorheizen.

Die beiden Eier in einer Schüssel verquirlen. Garri und Semmelbrösel in einem tiefen Teller mischen. Die Kugeln erst in die Eier tauchen und abtropfen lassen, dann in der Garri-Mischung wälzen. Das Erdnussöl in einem großen Topf erhitzen. Die richtige Temperatur ist erreicht, wenn sich um einen hineingehaltenen Holzlöffelstiel direkt Bläschen bilden. Die Auberginenkroketten portionsweise ins heiße Fett geben und etwa 3 Minuten frittieren, wenden und weitere 2 Minuten goldbraun frittieren. Mit einem Schaumlöffel herausheben und im vorbereiteten Sieb abtropfen lassen.

Inzwischen den Thymian in eine Bratform geben und die Fischfilets darauflegen. Mit etwas Salz und Cayennepfeffer würzen. Kokosöl, Schalotte, Zitronensaft und -schale in einer Schale verrühren und die Fischfilets damit überziehen. Im vorgeheizten Ofen 10 Minuten garen.

Die Fischfilets mit den Kroketten auf Tellern anrichten und sofort servieren.

KABELJAU MIT ANANAS

Der süße, leicht säuerliche Geschmack der Südfrucht passt sehr gut zu weißem Fisch. In diesem Rezept verwende ich Kabeljau, Sie können aber auch jeden anderen weißfleischigen Fisch verwenden. Auf keinen Fall weglassen sollten Sie hier die Zitrone, da ein Spritzer Zitronensaft alle Aromen verbindet.

ZUBEREITUNG: 15 MIN.
GARZEIT: 20 MIN.
FÜR 4 PERSONEN

- **2 EL Erdnussöl**
- **4 Kabeljaufilets**
- **Salz, schwarzer Pfeffer und Cayennepfeffer**
- **220 g Ananasstücke (aus der Dose), abgetropft**
- **1 scharfe Chilischote, entkernt und fein gehackt**
- **4 EL Kokoswasser**
- **1 EL Kokosblütensirup (oder Honig)**
- **1 Zitrone, geviertelt, zum Servieren**

1 EL Erdnussöl in einer Pfanne erhitzen. Die Kabeljaufilets mit Salz, schwarzem Pfeffer und Cayennepfeffer würzen. Je 2 Filets gleichzeitig bei mittlerer Hitze etwa 3 Minuten von jeder Seite braten. Der Fisch ist durchgegart, wenn er durchgehend glasig weiß ist und Ober- und Unterseite leicht gebräunt sind. Auf einen Teller heben.

Das restliche Erdnussöl in die Pfanne geben. Die Ananasstücke darin mit Chili, Kokoswasser und Kokosblütensirup 2–3 Minuten erhitzen. Die Fischfilets zugeben und aufwärmen.

Die Filets auf vier Teller verteilen und mit der Ananassauce überziehen. Sofort mit Zitronenspalten zum Beträufeln servieren.

HEILBUTT IN UMA-BLÄTTERN

Bei meinen Gerichten soll immer das Auge mitessen, deshalb serviere ich diese Heilbuttfilets in Uma- oder Bananenblättern. Das sieht toll aus und beeindruckt bestimmt auch Ihre Gäste. Heilbutt ist ein fleischiger Fisch, der Aromen sehr gut annimmt und es sogar mit scharfen Chilis aufnehmen kann. Auch wenn dieses Gericht von meiner Familie sehr geliebt wird, habe ich erst kürzlich entdeckt, wie vielseitig Heilbutt ist. Das ist ein geeigneter Fisch für Anfänger.

ZUBEREITUNG: 15 MIN.
BACKZEIT: 15 MIN.
FÜR 4 PERSONEN

4 Uma-Blätter (oder Bananenblätter)
Kokosöl, zum Einfetten
4 Heilbuttfilets
Salz und Cayennepfeffer
1 EL Carobpulver
2 TL Garnelenpaste (oder Kokos Aminos)
1 scharfe Chilischote, entkernt und fein gehackt
½ rote Zwiebel, gehackt
4 EL Palmöl (oder Kokosöl), zerlassen
100 ml Fischfond
Reis, zum Servieren

Den Backofen auf 180 °C vorheizen. Die Uma-Blätter in 4 Quadrate schneiden, die groß genug sind, um die Fischfilets daraufzusetzen. Einen Bräter und die vorbereiteten Blätter mit Kokosöl einfetten. Falls Sie weder Uma- noch Bananenblätter zur Verfügung haben, einfach nur den Bräter etwas gründlicher einfetten.

Die Heilbuttfilets mit Salz und Cayennepfeffer würzen.

Carobpulver, Garnelenpaste, Chili, Zwiebel, Palmöl und Fischfond pürieren. Die Fischfilets gleichmäßig mit der Paste bestreichen und je auf ein Uma-Blatt legen. Die Fischfilets (auf den Blättern) in den vorbereiteten Bräter setzen und im vorgeheizten Ofen 15 Minuten garen.

Die Fischfilets (auf den Blättern) mit Reis auf vier Tellern anrichten und sofort servieren.

BAOBAB-FORELLEN

Forelle ist ein richtig leckerer Fisch, der es auch sehr gut mit etwas robusteren Aromen aufnehmen kann. Deshalb kombiniere ich ihn mit dieser spritzigen Baobab-Paste. Früher gab es bei uns relativ selten Forelle, weshalb ich den Fisch heute zu besonderen Anlässen zubereite. Wenn ich das Gericht unter der Woche machen will, nehme ich meist Lachsfilets, die genauso lecker sind. Garnieren Sie das Gericht mit gerösteten Egusi-Kernen, deren nussiges Aroma eine tolle Ergänzung ist.

ZUBEREITUNG: 10 MIN.
GARZEIT: 10 MIN.
FÜR 4 PERSONEN

1 EL Kokosöl
½ Zwiebel, in feine Streifen geschnitten
1 scharfe Chilischote, entkernt und fein gehackt
4 Forellenfilets
Salz und Cayennepfeffer
geröstete Egusi-Kerne (oder Mandelblättchen), zum Servieren

FÜR DIE BAOBAB-PASTE
4 TL Kokosblütensirup (oder Honig)
1 TL Tomatenmark
1 EL frisch gepresster Zitronensaft
2 EL Baobabpulver

Für die Paste den Kokosblütensirup in einer Schüssel mit Tomatenmark, Zitronensaft und Baobabpulver zu einer Paste verrühren.

Das Kokosöl in einer großen Pfanne bei mittlerer bis starker Hitze zerlassen. Zwiebel und Chili darin 4 Minuten unter ständigem Rühren anbraten. Die Forellenfilets mit Salz und Cayennepfeffer würzen, in die Pfanne geben und 4 Minuten von jeder Seite braten. Die Forellenfilets mit Zwiebel und Chili auf vier Tellern anrichten.

Die Baobabpaste mit 80 ml Wasser in die Pfanne geben und 1–2 Minuten unter ständigem Rühren einkochen lassen. Den Fisch damit überziehen. Mit gerösteten Egusi-Kernen garnieren und sofort servieren.

Fleisch und Geflügel

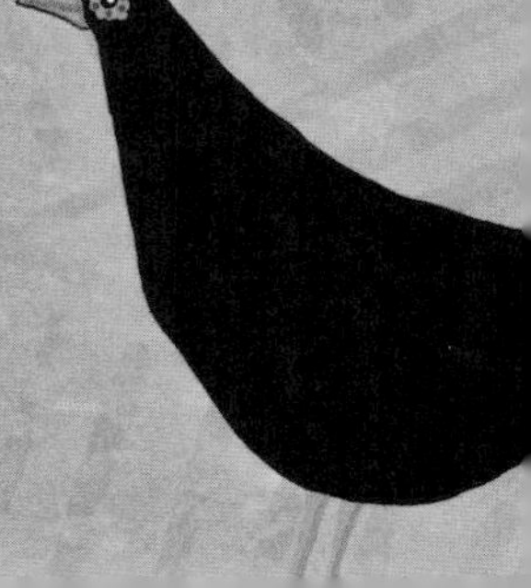

MAMAS HÄHNCHENKEULEN

Agie Iya Lopè (Yoruba)

In der Yoruba-Kultur werden Eltern nicht bei ihrem Vornamen gerufen, sondern als Mutter bzw. Vater des/der Erstgeborenen bezeichnet. Meine Mutter heißt also Iya Lopè. Sie kochte schon immer nach dem Motto schnell und einfach. Als ich jünger war, gingen wir samstagabends in die Videothek und suchten uns ein paar Filme aus. Wieder zu Hause nahm sie sich ein paar Gewürze aus dem Schrank und stellte eine Würzmischung für Hähnchenkeulen zusammen, die wir dann vor dem Fernseher aßen. Egal welche Gewürze sie aussuchte, die Keulen schmeckten immer superlecker. Sie sagt, das Geheimnis liege darin, Zitronensaft in die Marinade zu geben. Aber ich vermute stark, dass mehr dahintersteckt.

ZUBEREITUNG: 5 MIN.
BACKZEIT: 35 MIN.
FÜR 4 PERSONEN

12 Hähnchenunterkeulen
Petersilienblätter, zum Garnieren

FÜR DIE MARINADE
1 EL Kokos Aminos
1 EL Tamarindenpaste
1 EL frisch gepresster Zitronensaft
2 TL Zwiebelgranulat
1 TL Knoblauchgranulat
1 TL Paprikapulver
1 TL Selleriesalz
1 TL gemahlener Kreuzkümmel
1 TL getrockneter Thymian
1 TL getrockneter Salbei
Salz und Cayennepfeffer

Den Backofen auf 210 °C vorheizen und ein Backblech mit Backpapier auslegen.

Für die Marinade Kokos Aminos, Tamarindenpaste, Zitronensaft, Zwiebel- und Knoblauchgranulat, Paprikapulver, Selleriesalz und Kreuzkümmel in einer Schale zu einer glatten Paste vermischen. Die Kräuter unterrühren. Mit Salz und Cayennepfeffer würzen. Die Hähnchenkeulen in eine große Schüssel geben und mit der Marinade vermengen. Auf dem Backblech verteilen und im vorgeheizten Ofen 30–35 Minuten goldbraun braten. Dabei nach der Hälfte der Zeit wenden. Zur Garprobe die Keulen einstechen; der austretende Fleischsaft sollte klar sein.

Wenn Sie Geduld haben, die Hähnchenkeulen vor dem Servieren 5 Minuten ruhen lassen. Mit Petersilie bestreut servieren.

HIBISKUS-HÄHNCHEN

Es erstaunt mich immer wieder, dass in Nigeria Hibiskus meistens nur für Getränke und nicht zum Aromatisieren von Gerichten verwendet wird. Für mich ist Hibiskus für Westafrika das, was Sakura für Ostasien oder Rosen für den Nahen Osten sind. Hibiskus schmeckt sehr ähnlich wie Cranberrys, und wenn ich etwas Erfrischendes essen will, greife ich zu diesem Gericht. Da die Aromen sehr reichhaltig sind, empfehle ich als Beilage einen Salat oder in Kokosmilch gegarten Reis. Als Garnierung reicht Petersilie. Die getrockneten Blüten der Afrikanischen Malve *(Hibiscus sabdariffa)* gibt es in afrikanischen Lebensmittelgeschäften, in Teeläden, Apotheken oder Drogerien (wo sie auch als Malventee verkauft werden).

ZUBEREITUNG: 20 MIN. PLUS MARINIERZEIT
GARZEIT: 30 MIN.
FÜR 4 PERSONEN

FÜR DIE MARINADE
1 TL Selleriesalz
1 TL Zwiebelgranulat
1 TL Knoblauchgranulat
1 TL gemahl. schwarzer Pfeffer
1 TL gemahl. weißer Pfeffer
1 TL Cayennepfeffer
2 TL frische, fein gehackte Petersilie
2 TL frischer, fein gehackter Estragon

2 EL Kokosöl, zerlassen
4 Hähnchenbrustfilets
fein geschnittene getrocknete Hibiskusblüten, zum Garnieren
Gebratener Kokosreis (s. S. 51), zum Servieren

FÜR DIE SAUCE
2 EL frisch gepresster Zitronensaft
200 ml ungesüßtes Kokoswasser
2 EL fein geschnittene getrocknete Hibiskusblüten
4 EL Kokosblütenzucker

Für die Marinade alle Zutaten in einer großen Schüssel verrühren. Das Kokosöl unterrühren und die Filets in der Marinade wenden, sodass sie gut damit überzogen sind. 30 Minuten ziehen lassen.

Für die Sauce Zitronensaft, Kokoswasser, Hibiskusblüten und Kokosblütenzucker in einem kleinen Topf verrühren und bei mittlerer Hitze zum Kochen bringen. Dann bei schwacher Hitze 15 Minuten auf die Hälfte reduzieren. Den Topf vom Herd nehmen und die Sauce etwa 15 Minuten abkühlen und eindicken lassen.

Eine Grillpfanne auf mittlerer Stufe erhitzen. Die Hähnchenbrustfilets mit der Sauce bestreichen. In der heißen Pfanne von jeder Seite 4–5 Minuten braten, bis das Fleisch schön gebräunt und durchgegart ist.

Die Filets auf Tellern anrichten und mit der restlichen Sauce beträufeln. Mit Hibiskusblüten garnieren und sofort mit gebratenem Kokosreis servieren.

HINWEIS

Hibiskus-Hähnchen ist ein tolles Gericht, wenn Sie Gäste bekochen. Wenn Ihre Einladung etwas schicker sein soll, ersetzen Sie die Hähnchenbrustfilets durch Entenbrustfilets.

GLASIERTE CHICKEN WINGS

Alkoholfreie Malzgetränke sind in Nigeria und ganz Westafrika sehr beliebt. Weil sie in Bierflaschen abgefüllt sind, fühlte ich mich als Kind immer schrecklich erwachsen, wenn ich daraus trank. Malzgeschmack ist allerdings so eine Sache: Entweder man liebt ihn oder man hasst ihn. Ich wollte unbedingt ein Rezept mit Malzaromen in diesem Buch haben und habe mich deshalb für diese glasierten Hähnchenflügel entschieden. Servieren Sie sie mit geraspelten Karotten, Sellerie und Sauerrahm. Sie schmecken aber auch ohne Beilagen zum Fingerlecken, wenn Sie sich nicht so viel Arbeit machen wollen.

ZUBEREITUNG: 15 MIN. PLUS MARINIERZEIT
BACKZEIT: 30 MIN.
FÜR 4 PERSONEN

12 Hähnchenflügel
2 TL Zwiebelgranulat
2 TL gemahlener Ingwer
2 TL Selleriesalz

FÜR DIE MALZGLASUR
2 EL Kokosöl, zerlassen
1 EL Kokos Aminos
4 EL Malzsirup (oder Malzextrakt)
4 EL Kokosblütensirup (oder Honig)
Salz und Cayennepfeffer

Den Backofen auf 180 °C vorheizen und ein Backblech mit Backpapier belegen.

Die Hähnchenflügel in eine große Schüssel geben. Mit Zwiebelgranulat, Ingwer und Selleriesalz würzen und 15 Minuten ziehen lassen.

Für die Glasur alle Zutaten in einer Schale glatt rühren. Die Hähnchenflügel mit der Glasur einstreichen und auf das vorbereitete Backblech legen.

15 Minuten im vorgeheizten Ofen braten, wenden und weitere 15 Minuten goldbraun braten. Zur Garprobe die Flügel einstechen; der austretende Fleischsaft sollte klar sein. Die Flügelspitzen können etwas verbrannt sein, aber das ist nicht weiter tragisch.

Die Hähnchenflügel vor dem Servieren kurz abkühlen lassen.

HÄHNCHEN AMINA

Kaza Amina (Hausa)

Amina war eine Hausa-Königin, die im 16. Jahrhundert durch zahlreiche Schlachten und Eroberungen zur Legende wurde. Inspiriert zu diesem Gericht wurde ich durch Pollo Cacciatore (Hähnchen mit Speck und Pilzen), das ich bei meinem Unifreund Sean gegessen hatte. Für meine afrikanische Version zu Ehren von Amina habe ich zu würzigeren Aromen gegriffen, weshalb das Hähnchen recht feurig ist – wie man es von einer echten Kriegerin erwarten würde. Da die meisten Hausa aus religiösen Gründen kein Schweinefleisch essen, habe ich mich hier für Putenbacon entschieden. Sie können aber natürlich auch Schweinespeck verwenden.

ZUBEREITUNG: 10 MIN.
GARZEIT: 35 MIN.
FÜR 4 PERSONEN

FÜR DIE PILZSAUCE
1 EL Erdnussöl
1 Zwiebel, fein gehackt
250 g fein geschnittene Champignon-Scheiben
500 ml Reisdrink
1 Hühnerbrühwürfel
Salz und Cayennepfeffer
1 frisches Lorbeerblatt
2 Zweige Thymian
2 EL Speisestärke

2 TL Zwiebelgranulat
1 TL Selleriesalz
1 TL gemahl. weißer Pfeffer
½ TL gemahl. Kurkuma
4 Hähnchenbrustfilets
125 g Mozzarella-Scheiben
8 Scheiben ungeräucherter Putenbacon

Zahnstocher, 8 Minuten in Wasser eingeweicht

Den Backofen auf 180 °C vorheizen. Vier kleine Auflaufformen mit Alufolie auskleiden.

Für die Sauce das Erdnussöl in einem kleinen Topf erhitzen. Zwiebeln und Pilze darin 5–6 Minuten bei mittlerer bis starker Hitze garen, bis Zwiebeln und Pilze weich sind. Mit dem Reisdrink ablöschen. Den Brühwürfel zufügen. Mit Salz und Cayennepfeffer würzen. Lorbeerblatt und Thymian zufügen. Die Sauce zum Kochen bringen, dann 3 Minuten bei schwacher Hitze einköcheln lassen.

Die Speisestärke mit 6 EL kaltem Wasser klümpchenfrei anrühren. In die Sauce rühren und weitere 2 Minuten köcheln lassen, bis die Sauce eingedickt ist. Bei Bedarf mit weiterem Salz abschmecken. Abgedeckt beiseitestellen.

Seitlich je eine 3–4 cm tiefe Tasche in die Filets schneiden. Zwiebelgranulat, Selleriesalz, Pfeffer und Kurkuma in einer Schale vermengen. Die Hähnchenbrustfilets in der Würzmischung wenden und mit den Mozzarellascheiben füllen. Mit je 2 Speckscheiben fest umwickeln und mit den Zahnstochern feststecken.

Die Filets in die vorbereiteten Formen legen und mit der Sauce überziehen. Mit Alufolie abdecken und im vorgeheizten Ofen 15 Minuten garen. Die Alufolie entfernen und die Hähnchenbrüste weitere 10 Minuten braten, bis sie leicht gebräunt sind. Zur Garprobe in die dickste Stelle einstechen; der austretende Fleischsaft sollte klar sein.

Die Zahnstocher entfernen. Die Hähnchenbrüste vor dem Servieren 5 Minuten ruhen lassen.

BRATHÄHNCHEN MIT GRAPEFRUIT UND KURKUMA

Grapefruits sind in Nigeria sehr beliebt und werden regelmäßig zu jeder Tageszeit gegessen. Weil die Zitrusfrucht sehr gut mit Kurkuma harmoniert, mit der viele nigerianische Gerichte aromatisiert und eingefärbt werden, ist dieses Rezept für mich wirklich typisch nigerianisch. Ich liebe es, Geflügel mit Zitrusfrüchten zu kombinieren. Dieses Brathähnchen erfüllt die ganze Wohnung mit einem köstlichen Duft.

ZUBEREITUNG: 10 MIN. PLUS MARINIERZEIT
BACKZEIT: 1 STD. 30 MIN.
FÜR 4 PERSONEN

FÜR DIE MARINADE
- 2 EL Palmessig (oder Weißweinessig)
- 2 EL Kokosöl, zerlassen
- 2 EL Kokosblütensirup (oder Honig)
- Saft von ½ Pink Grapefruit
- 1 TL zerstoßene Chiliflocken
- 2 Lorbeerblätter
- 8 Zweige Thymian

- 1 Brathähnchen (1,8 kg)
- 2 Grapefruits, geschält und in Scheiben geschnitten

FÜR DIE WÜRZMISCHUNG
- 1 Hühnerbrühwürfel
- 2 EL Kokosblütenzucker (oder Rohrohrzucker)
- 1 EL Kurkuma
- 2 TL Carobpulver
- 1 TL gemahlener Ingwer
- Salz und Pfeffer

Für die Marinade Essig, Kokosöl, Kokosblütensirup, Grapefruitsaft und Chiliflocken in einer Schüssel glatt rühren. Das Hähnchen in einen großen Gefrierbeutel geben und die Marinade zugießen. Lorbeerblätter und Thymian zugeben. Den Beutel dicht verschließen und das Hähnchen mindestens 2 Stunden oder über Nacht im Kühlschrank marinieren.

Den Backofen auf 180 °C vorheizen und eine Bratform leicht einfetten.

Die Grapefruitscheiben in der Form verteilen. Das Hähnchen aus der Marinade nehmen und auf die Grapefruitscheiben legen. Mit der Marinade überziehen.

Für die Würzmischung den Brühwürfel in eine Schüssel krümeln und mit den restlichen Zutaten sorgfältig vermengen. Gleichmäßig auf dem Hähnchen verteilen. Nach Belieben mit Salz und Pfeffer würzen.

Das Hähnchen im vorgeheizten Ofen etwa 1½ Stunden braten, bis es gar ist. Zur Garprobe die dickste Stelle der Hähnchenbrust einstechen; der austretende Fleischsaft sollte klar sein.

HINWEIS

Schälen Sie die Grapefruits großzügig, damit auch die bitter schmeckende weiße Innenschale entfernt wird.

KÜRBISSUPPE MIT PUTENSTREIFEN

Miyan Taushe (Hausa)

Anders als die meisten nigerianischen Suppen ist diese hier eher mild und perfekt für den Herbst, wenn es überall Kürbis (»taushe« auf Hausa) zu kaufen gibt. Bei uns wurden auch immer die Kerne aufbewahrt, um Egusi-Suppe (Obe Egusi, s. S. 18) damit zu machen. Die Suppe erinnert mich an die ghanaische Erdnusssuppe, die ebenfalls mit Reisbällchen serviert wird. In diesem Rezept kann das Palmöl durch Kokosöl ersetzt werden, wenngleich das eigentliche Aroma der Suppe verändert wird.

ZUBEREITUNG: 20 MIN.
GARZEIT: 35 MIN.
FÜR 4 PERSONEN

2 EL Palmöl
400 g Putenschnitzel, gewürfelt
1 Zwiebel, gehackt
2 große Tomaten, klein geschnitten
1 gelbe Paprikaschote, entkernt und klein geschnitten
160 g Kürbisfruchtfleisch, klein gewürfelt
1 scharfe Chilischote, entkernt und fein gehackt
2 EL Erdnussmehl
1 EL Carobpulver
800 ml Hühnerbrühe
100 g Spinat, gehackt
1 EL frisch gepresster Zitronensaft
Salz und Cayennepfeffer

Schwarzreisbällchen (Tuwo Shinkafa Bak'i, s. S. 45), zum Servieren

Das Palmöl in einem großen Topf bei mittlerer Hitze zerlassen und die Putenwürfel darin etwa 5 Minuten unter gelegentlichem Wenden anbräunen. Mit einem Schaumlöffel herausheben und auf einem Teller beiseitestellen.

Nun Zwiebel, Tomaten, Paprika, Kürbis und Chili in den Topf geben und etwa 5 Minuten braten, bis das Gemüse beginnt, weich zu werden.
Erdnussmehl und Carobpulver einstreuen und 2 Minuten anschwitzen. Mit der Brühe ablöschen und alles unter Rühren zum Kochen bringen. Die Suppe 10 Minuten bei schwacher Hitze köcheln lassen, bis das Gemüse weich ist.
Die Suppe mit einem Stabmixer glatt pürieren. Die Putenwürfel zusammen mit Spinat und Zitronensaft wieder zugeben und 5 Minuten garen, bis die Suppe etwas eingedickt ist. Mit Salz und Cayennepfeffer abschmecken.
Die Suppe in vier Schalen füllen und mit Schwarzreisbällchen (Tuwo Shinkafa Bak'i, s. S. 45) servieren.

✿ HINWEIS

Werfen Sie die Kürbiskerne nicht weg, sondern verwenden Sie sie für die Zubereitung einer Egusi-Suppe (Obe Egusi, s. S. 18).

PUTENSCHNITZEL MIT NELKENBASILIKUM

Efirin Tòlótòló (Yoruba)

Meine Großmutter zum Beispiel verwendete besonders gern Nelkenbasilikum, die nigerianische Antwort auf unser mediterranes Basilikum. Das dunkelgrüne Kraut mit den violetten Blattadern hat ein fast minziges Aroma, das überraschend gut zu Pute passt. Lassen Sie das Fleisch auf jeden Fall lange genug marinieren, damit sich die Aromen entfalten können. Getrocknetes Nelkenbasilikum ist in afrikanischen Lebensmittelgeschäften und online erhältlich. Alternativ können Sie getrocknetes Basilikum verwenden.

ZUBEREITUNG: 10 MIN. PLUS MARINIERZEIT
GARZEIT: 25 MIN.
FÜR 4 PERSONEN

- 2 EL Limettensaft
- 1 EL Kokosöl, zerlassen
- 4 EL Erdnussöl, plus mehr zum Braten
- 1 EL Erdnussmus (oder Cashewmus)
- 1 EL Palmessig (oder Weißweinessig)
- 1 Zwiebel, fein gehackt
- 1 TL Zwiebelgranulat
- 1 TL gemahlene Kurkuma
- 1 TL gemahlener weißer Pfeffer
- 2 EL getrocknetes (Nelken-) Basilikum
- 1 TL getrocknete Minze
- Salz und Cayennepfeffer
- 4 Putenschnitzel
- Limettenspalten, zum Servieren
- Zwiebelhirse (s. S. 60), zum Servieren

Alle Zutaten bis zur Minze in einer kleinen Schüssel verrühren. Mit Salz und Cayennepfeffer würzen. Die Putenschnitzel in einen großen Gefrierbeutel geben und die Marinade zufügen. Den Beutel gut verschließen und die Schnitzel 1 Stunde im Kühlschrank ziehen lassen.

Eine gusseiserne Grillpfanne leicht mit Erdnussöl einfetten und auf mittlerer bis hoher Stufe erhitzen. Je zwei Putenschnitzel 6 Minuten von jeder Seite gar braten. Auf einen Teller heben und ruhen lassen.

Die Putenschnitzel auf Tellern anrichten und mit Limettenspalten zum Beträufeln und Zwiebelhirse anrichten. Sofort servieren.

ENTENKEULEN IN GUAVENSAUCE

Auf nigerianischen Märkten kann es hoch hergehen, und wenn ich früher mit meiner Familie dort war, hatte ich oft Angst, in der Menge verloren zu gehen. Deshalb klammerte ich mich immer an die Hand meiner Großmutter, wenn die Verkäuferinnen an den Ständen sie überzeugen wollten, ihre Produkte zu kaufen. Sie handelte geschickt die Preise runter, und zum Schluss kaufte sie mir eine kleine Belohnung. Das Einzige, was mich immer fesselte, waren die Früchte. Ich erinnere mich noch an die Berge einer Frucht, die ich für kleine grüne und gelbe Äpfel hielt. Erst als ich sah, dass das Fruchtfleisch rosa war, wurde mir klar, dass es Guaven waren – der Beginn meiner Liebe zu dieser köstlichen Frucht, deren süßer Geschmack und birnenartige Textur sich sehr gut zu Ente machen.

ZUBEREITUNG: 15 MIN.
GARZEIT: 40 MIN.
FÜR 4 PERSONEN

4 Entenkeulen
Salz und Cayennepfeffer
Ofengemüse (s. S. 35), zum Servieren

FÜR DIE GUAVENSAUCE
1 EL Kokosöl
200 g Guaven (aus der Dose), abgetropft und in Stücke geschnitten
2 EL Limettensaft
1 TL ganze Gewürznelken
1 TL gemahlener Ingwer
1 TL Selleriesalz
2 TL Guavenkonfitüre (aus lateinamerikanischen Läden)

Den Backofen auf 200 °C vorheizen. Eine Bratform mit Gittereinsatz zur Hälfte mit Wasser füllen und auf der mittleren Schiene in den Ofen schieben.

Die Entenkeulen mit Küchenpapier trocken tupfen. Leicht mit Salz und Cayennepfeffer würzen. Die Entenkeulen in die Bratform legen und im vorgeheizten Ofen 40 Minuten rösten.

Inzwischen für die Guavensauce das Kokosöl in einem kleinen Topf bei starker Hitze zerlassen. Die Guaven darin 5 Minuten garen, bis sie etwas zusammengefallen sind. Die restlichen Saucenzutaten sowie 150 ml Wasser einrühren und alles etwa 7 Minuten garen, bis die Sauce leicht eingedickt ist. Die Guaven mit einem Kartoffelstampfer zerdrücken. Vom Herd nehmen und abkühlen lassen, bis die Entenkeulen gar sind.

Die Entenkeulen mit dem Gemüse auf Tellern anrichten und mit der Sauce überziehen. Sofort servieren.

PERLHUHN MIT KOLANÜSSEN

Kola Ogazi (Igbo)

In der Igbo-Kultur sind Kolanüsse ein Symbol für Gastfreundschaft. Sie werden verwendet, um ganz besondere Gäste zu begrüßen oder eine Hochzeit oder eine Geburt zu feiern. In Europa sind Kolanüsse in der Regel nur in Pulverform erhältlich – oder in einem sehr bekannten Softdrink. Sie haben ein recht intensives Aroma und einen strengen bitteren Nachgeschmack. Außerdem enthalten sie reichlich Koffein, das heißt, Instantkaffee ist ein guter Ersatz, wenn Sie keine gemahlenen Kolanüsse auftreiben können. Erhöhen Sie einfach die Menge des Kaffeegranulats im Rezept auf vier Esslöffel.

ZUBEREITUNG: 25 MIN. PLUS KÜHLZEIT
GARZEIT: 1 STD. 15 MIN.
FÜR 4–6 PERSONEN

- **2 EL Kolanusspulver**
- **2 EL Instantkaffeepulver**
- **2 EL Kokosöl**
- **6 EL Kokosblütenzucker (oder Rohrohrzucker)**
- **2 Perlhühner**
- **2 EL Erdnussöl**
- **2 Zwiebeln, geviertelt**
- **4 Stangen Staudensellerie, gehackt**
- **400 ml Hühnerbrühe**
- **fein abgeriebene Schale und Saft von 1 Bio-Zitrone**
- **2 EL Palmessig (oder Weißweinessig)**
- **100 g rote Trauben, halbiert**
- **2 TL getrocknetes (Nelken-) Basilikum**
- **Salz und Cayennepfeffer**

Den Backofen auf 180 °C vorheizen.

Kolanusspulver, Kaffeepulver, Kokosöl und Zucker in einer Schüssel verrühren.

Die Perlhühner mit der Brustseite nach unten auf ein Schneidebrett legen. Die Wirbelsäule mit einer Geflügel- oder stabilen Küchenschere herausschneiden. Die Perlhühner wenden und flach drücken. Von beiden Seiten mit der Kolanussmischung bestreichen.

In einer Pfanne, die groß genug für ein aufgeklapptes Perlhuhn ist, 1 EL Erdnussöl erhitzen. Ein Perlhuhn mit je der Hälfte von Zwiebeln und Sellerie darin etwa 7 Minuten mit der Hautseite nach unten anbräunen. Alles in eine große Bratform geben und mit dem zweiten Perlhuhn ebenso verfahren.

Die Perlhühner mit der Brühe übergießen. Zitronenschale und -saft, Essig, Trauben und Basilikum zufügen. Mit Salz und Cayennepfeffer würzen. Im vorgeheizten Ofen etwa 60 Minuten garen, bis die Perlhühner schön gebräunt sind. Dabei alle 15 Minuten übergießen, damit sie nicht austrocknen. Zur Garprobe die dickste Stelle der Brust einstechen; der austretende Fleischsaft sollte klar sein.

Die Perlhühner vor dem Tranchieren und Servieren 10 Minuten ruhen lassen.

SCHWEINEROLLBRATEN MIT ANANAS UND HIBISKUS

Schweinefleisch harmoniert wunderbar mit süßen säuerlichen Früchten und Aromen, und hier sind für mich Ananas und Hibiskus die optimale Wahl. Was ich an diesem Gericht so toll finde, ist, wie die Hibiskus-Ananas-Mischung das Fleisch durchzieht. Ich bereite den Schweinebraten gerne für ein Sonntagsessen zu, wenn ich etwas anderes als Rind oder Hühnchen auf den Tisch bringen will.

ZUBEREITUNG: 25 MIN.
GARZEIT: 1 STD. 40 MIN.
FÜR 6 PERSONEN

2 EL Kokosöl
½ Zwiebel, fein gehackt
1 Stück Ingwer (2 cm), geschält und fein gehackt
2 Stangen Staudensellerie, fein gehackt
1 TL gemahlener Ingwer
1 TL Selleriesalz
2 Zweige frischer Salbei
2 Zweige frischer Thymian
435 g Ananasstücke (aus der Dose), abgetropft
4 EL fein geschnittene getrocknete Hibiskusblüten
40 g Egusi-Kerne, geröstet
40 g Garri (oder Semmelbrösel), geröstet
1,8 kg ausgelöste Schweineschulter mit Schwarte
Erdnussöl, zum Bestreichen
Salz, schwarzer Pfeffer und Cayennepfeffer

Das Kokosöl in einer Pfanne bei schwacher bis mittlerer Hitze zerlassen. Zwiebel, Ingwer und Sellerie darin 5 Minuten weich andünsten. In eine Schüssel geben und abkühlen lassen. Gewürze, Salbei, Thymian, Ananas, Hibiskus, Egusi-Kerne und Garri untermischen. Mit Salz und Pfeffer würzen.

Den Schweinebraten mit der Fettseite nach unten auf ein Schneidebrett legen und die Längsseite in einer Höhe von etwa 3 cm so tief einschneiden, dass noch 3 cm bis zum Rand stehen bleiben. Aufklappen und das dicke Stück in dieser Höhe weiter einschneiden, sodass eine etwa 3 cm dicke Fleischplatte entsteht. Mit Frischhaltefolie bedecken und mit einem Fleischklopfer oder einer schweren Pfanne plattieren.

Den Backofen auf 180 °C vorheizen.

Das Fleisch von beiden Seiten mit Erdnussöl bestreichen und mit Salz, schwarzem Pfeffer und Cayennepfeffer würzen. Die Ananasmischung auf dem Fleisch verstreichen (die Fettseite sollte wieder unten liegen). Dabei überall einen Rand von 2 cm frei lassen. Das Fleisch von einer kurzen Seite her locker aufrollen. Mit Küchengarn binden.

Den Rollbraten auf eine Backform mit Gitter legen und im vorgeheizten Ofen 1 Stunde 40 Minuten garen, bis das Fleisch durch ist. Zur Probe den Braten in der Mitte einstechen; der austretende Fleischsaft sollte klar sein.

Den Rollbraten aus dem Ofen nehmen und 10 Minuten ruhen lassen. Das Küchengarn entfernen und den Braten in Scheiben schneiden.

SCHWEINEKOTELETTS MIT PALMWEIN

Emu Elede (Yoruba)

Palmwein wird aus dem süßen Saft von Zuckerpalmen gewonnen, der schon nach zweitägiger Gärung einen geringen Alkoholgehalt aufweist und am dritten Tag zu Essig wird. Das Getränk, ein beliebtes Partygetränk in Nigeria, ist aber auch in Ghana, Südafrika und in asiatischen Ländern wie Malaysia oder Thailand verbreitet. In diesem Rezept sorgt Palmwein für eine säuerliche Süße, die die Aromen der Äpfel perfekt unterstreicht und zusammen mit Lorbeerblatt, Thymian und Ingwer ein tolles Aromaprofil entstehen lässt. Palmwein sollte in den meisten afrikanischen oder asiatischen Lebensmittelgeschäften erhältlich sein. Alternativ verwenden Sie am besten Weißwein.

ZUBEREITUNG: 5 MIN.
GARZEIT: 20 MIN.
FÜR 4 PERSONEN

4 Schweinekoteletts
2 EL Kokosöl, zerlassen
Salz und schwarzer Pfeffer
2 Äpfel, geschält, entkernt und gehackt
1 Zwiebel, halbiert und in feine Streifen geschnitten
1 Stück Ingwer (2 cm), geschält und gerieben
60 ml Palmwein (oder lieblicher Weißwein)
60 ml Kokoswasser
4 Zweige Thymian
2 Lorbeerblätter

Die Koteletts von beiden Seiten mit dem Kokosöl bestreichen. Leicht salzen und pfeffern.

Eine große gusseiserne Pfanne auf mittlerer bis hoher Stufe erhitzen. Die Schweinekoteletts darin 3 Minuten von jeder Seite gut anbräunen. Aus der Pfanne nehmen und beiseitestellen.

Das restliche Kokosöl in die Pfanne geben. Äpfel, Zwiebel und Ingwer darin 5–6 Minuten bei schwacher Hitze garen.

Mit Palmwein und Kokoswasser ablöschen. Thymian und Lorbeerblätter zugeben und etwa 2 Minuten mitgaren. Die Schweinekoteletts wieder in die Pfanne geben und 5 Minuten braten, bis die Sauce reduziert und das Fleisch durchgegart ist.

Die Koteletts sofort mit der Sauce servieren.

NIGERIANISCHE FLEISCHBÄLLCHEN

Meine liebsten Fleischbällchen sind die nach schwedischer Art. Also war es nur eine Frage der Zeit, bis ich ihnen ein nigerianisches Makeover verpasste. Schweinehack ist die perfekte Grundlage für die vielen Gewürze in diesem Rezept. Die Fleischbällchen sind recht feurig; die cremige Sauce schafft aber einen ganz guten Ausgleich. Für eine nigerianisch-schwedische Vereinigung servieren Sie diese Fleischbällchen mit Hasselback-Kochbananen (Ogede Inakuna, s. S. 27).

ZUBEREITUNG: 25 MIN.
GARZEIT: 25–30 MIN.
FÜR 4 PERSONEN

400 g Schweinehackfleisch
2 Eigelb
1 Zwiebel, fein gehackt
1 Stück Ingwer (2 cm), geschält und fein gerieben
1 scharfe Chilischote, entkernt und fein gehackt
6 EL Garri
1 EL Estragon, fein gehackt
1 TL Carobpulver
1 TL geriebene Muskatnuss
Salz und Cayennepfeffer
2–3 EL Erdnussöl
2 EL Palmöl (oder Kokosöl)
2 EL Maniokmehl (oder Weizenmehl)
400 ml Hühnerbrühe
4 EL Kokoscreme
fein geschnittene getrocknete Hibiskusblüten, zum Garnieren

Das Schweinehack in einer großen Schüssel mit Eigelben, Zwiebel, Ingwer, Chili, Garri, Estragon, Carobpulver und Muskat sorgfältig vermengen. Mit Salz und Cayennepfeffer würzen. Die Masse zu 16 gleich großen Kugeln formen.

In einer großen, schweren Pfanne 1 EL Erdnussöl erhitzen. Die Fleischbällchen darin portionsweise etwa 5 Minuten bei mittlerer Hitze rundum anbräunen. Aus der Pfanne nehmen und beiseitestellen.

Nun das Palmöl in der Pfanne zerlassen. Das Mehl einstreuen und kurz anschwitzen. Unter ständigem Rühren die Hühnerbrühe zugießen und 5 Minuten köcheln, bis die Sauce leicht eingedickt ist. Die Kokoscreme einrühren. Mit Salz und Cayennepfeffer abschmecken.

Die Fleischbällchen wieder in die Pfanne geben und etwa 10 Minuten erhitzen, bis sie durchgegart sind und die Sauce weiter eingedickt ist.

Die Fleischbällchen auf vier Teller verteilen, mit der Sauce überziehen und mit Hibiskusblüten garnieren. Sofort servieren.

SCHWEINERIPPCHEN MIT TAMARINDENGLASUR

Barbecues sind in meiner Familie sehr beliebt und immer ein guter Grund, meine Cousinen und meinen Cousin zu treffen. Diese von der Hausa-Küche inspirierten Rippchen sind unser absoluter Favorit. In meiner Version sind die Aromen des Rub auch eine perfekte Ergänzung für Schweinerippchen, obwohl viele Hausa Muslime sind und deshalb kein Schweinefleisch essen, sondern den Rub stattdessen für Lamm oder Ziege verwenden. Lassen Sie das gewürzte Fleisch möglichst über Nacht marinieren, auch damit Salz und Zucker das Fleisch zart machen und sein Aroma verbessern.

ZUBEREITUNG: 10 MIN. PLUS MARINIERZEIT
GARZEIT: 3 STD. 30 MIN.
FÜR 4 PERSONEN

FÜR DEN RUB
- **3 EL Kokosblütenzucker (oder Rohrohrzucker)**
- **2 EL geröstetes Erdnussmehl**
- **1 TL Selleriesalz**
- **1 TL Zwiebelgranulat**
- **Salz und Cayennepfeffer**

2 Spanferkel-Schälrippchen

FÜR DIE GLASUR
- **4 EL Tamarindenpaste**
- **4 EL Kokosblütensirup (oder Honig)**
- **1 EL Erdnussöl**
- **1 Stück Ingwer (4 cm), geschält und fein gerieben**
- **1 scharfe Chilischote, entkernt und fein gehackt**
- **300 ml Rinderbrühe**
- **Koriandergrün, zum Garnieren**
- **gemischter Salat, zum Servieren**

Für den Rub Zucker, Erdnussmehl, Selleriesalz und Zwiebelgranulat in einer Schale mischen. Mit Salz und Cayennepfeffer würzen. Die Rippchen damit einreiben. Abgedeckt über Nacht im Kühlschrank ziehen lassen.

Den Backofen auf 140 °C vorheizen. Die Rippchen auf ein Backblech mit Gitter legen. 500 ml Wasser in das Backblech gießen und das Fleisch mit Alufolie abdecken. Die Rippchen 3 Stunden im vorgeheizten Ofen garen. Dabei die Rippchen nach der Hälfte der Zeit wenden und gegebenenfalls weiteres Wasser zugießen. (Alternativ zwei kleine Bratformen mit Gitter verwenden und mit je 250 ml Wasser auffüllen. Nebeneinander in den Ofen schieben, damit die Rippchen gleichmäßig garen.)

Inzwischen für die Glasur die Tamarindenpaste mit Kokosblütensirup, Erdnussöl, Ingwer und Chili in einem kleinen Topf bei mittlerer Hitze verrühren. Die Brühe nach und nach unter Rühren zugießen und 10 Minuten einkochen, bis die Mischung eine sirupartige Konsistenz hat.

Die Rippchen aus dem Ofen nehmen und mit der Glasur bestreichen. Den Ofen auf Grillfunktion (oder 200 °C Umluftgrill) umstellen und die Rippchen darunter 5 Minuten garen. Wenden, mit weiterer Glasur bestreichen und weitere 5 Minuten grillen, bis die Glasur knusprig wird.

Die Rippchen jeweils halbieren. Mit Koriandergrün garnieren und sofort mit einem gemischten Salat servieren.

SUYA-LAMMCURRY

Ziegenfleischspieße mit Suya-Gewürz sind in Westafrika ein beliebtes Streetfood und bilden mit einem eisgekühlten Drink ein perfektes Sommeressen. Da es in Großbritannien ja viel seltener sehr heiß ist, habe ich die Spieße in ein Curry für die kälteren Monate umgewandelt. So wird aus einem einfachen Straßenessen ein wunderbares Familiengericht. Inzwischen lecke ich die Sauce der Spieße nicht mehr wie früher vom Zeitungspapier ab, sondern direkt aus der Schüssel. Wie bei den meisten Currys muss das Fleisch einige Zeit vor sich hin schmoren, darum ist das Gericht eher was fürs Wochenende. Wenn Sie rohe Zwiebeln mögen, garnieren Sie das Curry mit roten Zwiebelringen. Als Beilage mag ich am liebsten Reis oder Agege-Brot (s. S. 152), weil beides die Sauce gut aufnimmt und so jeder Bissen zum Genuss wird. Als geschmackliche und einfacher erhältliche Alternative zum traditionellen Ziegenfleisch verwende ich Lammfleisch.

ZUBEREITUNG: 20 MIN.
GARZEIT: 2 STD. 15 MIN.
FÜR 4 PERSONEN

- 1 kg Lammschmorfleisch aus der Keule, gewürfelt
- Meersalzflocken und weißer Pfeffer
- 2 rote Zwiebeln, in Streifen
- 4 Knoblauchzehen, in Scheiben
- 1 Stück Ingwer (4 cm), geschält und gerieben
- 2 Chilischoten
- 2 EL Kokosöl
- 400 ml Kokosmilch
- 1 Handvoll Petersilie, zum Servieren

FÜR DIE SUYA-GEWÜRZMISCHUNG

- 3 Selimpfefferschoten, Körner herausgelöst
- 100 g Cashewkerne, geröstet und grob gemahlen
- ½ TL Chilipulver
- ½ TL geräuchertes Paprikapulver
- 1 TL gemahlener Ingwer
- 1 TL Knoblauchpulver
- 1 TL Zwiebelgranulat

Den Backofen auf 180 °C vorheizen.

Für die Suya-Gewürzmischung alle Zutaten in einen Mörser geben und zu einem feinen Pulver zerstoßen. Das Lammfleisch in eine große Schüssel geben und mit der Gewürzmischung vermengen. Salzen und pfeffern. Abgedeckt beiseitestellen.

Zwiebeln, Knoblauch, Ingwer und Chilis zu einer Paste pürieren.

Das Kokosöl in einem Schmortopf bei mittlerer Hitze zerlassen. Die Zwiebelpaste darin 5 Minuten braten. Das Lammfleisch zugeben und einige Minuten rundum anbräunen. Mit der Kokosmilch ablöschen und unter gelegentlichem Rühren zum Kochen bringen.

Den Deckel aufsetzen und das Curry im vorgeheizten Ofen 90 Minuten garen. Den Deckel abnehmen und das Curry weitere 30 Minuten garen, damit die Sauce etwas eindickt. Mit Salz und Pfeffer abschmecken.

Mit Petersilie garnieren und sofort servieren.

HINWEIS

Dieses Curry schmeckt aufgewärmt sogar noch besser, da die Aromen dann schön durchgezogen sind. Zum Aufwärmen etwa 15 Minuten in den 180 °C heißen Ofen stellen. Wenn Sie einen Schongarer haben, können Sie alle Zutaten auf einmal in den Topf geben und bei starker Hitze 2 Stunden garen.

LAMMFLEISCHTASCHEN

Wenn meine Familie früher an den Strand ging, brachte mein Onkel immer Teigtaschen, Scotch Eggs, Reis und Donuts für ein Strand-Picknick mit. Ich mochte vor allem die pikant gefüllten Teigtaschen, die man in Nigeria in der Regel nicht selbst zubereitet, sondern in Imbissen, Restaurants oder Bäckereien kauft. In diesem Rezept habe ich versucht, den Geschmack jener Teigtaschen, die ich damals so mochte, zu rekonstruieren.

ZUBEREITUNG: 30 MIN. PLUS KÜHLZEIT
GARZEIT: 1 STD. 10 MIN.
FÜR 4 PERSONEN

FÜR DEN TEIG
- 400 g Weizenmehl
- 50 g Maniokmehl (oder Weizenmehl)
- 2 TL Backpulver
- 1 TL geriebene Muskatnuss
- 1 TL gemahlener Koriander
- 1 TL Salz
- 125 g Kokosöl, zerlassen
- 2 Eigelb (Klasse L), verquirlt
- 2 Eiweiß (Klasse L), verquirlt mit 4 EL Wasser

FÜR DIE FÜLLUNG
- 1 EL Erdnussöl
- ½ Zwiebel, fein gehackt
- ½ scharfe Chilischote, entkernt und fein gehackt
- 2 Zweige Thymian (nach Belieben)
- 1 Lorbeerblatt (nach Belieben)
- 250 g Lammhackfleisch
- 1 weißfleischige Süßkartoffel, geschält und klein gewürfelt
- ½ kleine Karotte, gewürfelt
- 1 EL Maniokmehl (oder Weizenmehl)
- 1 TL Zwiebelgranulat
- 1 TL Selleriesalz
- 1 TL gemahlene Gewürznelken
- ½ TL gemahlene Kurkuma
- ½ TL gem. Kreuzkümmel
- Salz, weißer Pfeffer und Cayennepfeffer

Für den Teig Mehl, Backpulver, Muskat, Koriander, Salz, Kokosöl und Eigelbe von Hand oder in der Küchenmaschine zu einer krümeligen Masse verarbeiten. Nach und nach bis zu 125 ml eiskaltes Wasser einarbeiten, bis die Krümel gebunden sind und der Teig sich zu einer klebrigen Kugel formen lässt. Gegebenenfalls wird nicht alles Wasser benötigt, darum immer nur in kleinen Mengen zufügen. Dann den Teig in Frischhaltefolie einschlagen und 1 Stunde im Kühlschrank ruhen lassen.

Inzwischen für die Füllung das Erdnussöl in einer großen Pfanne erhitzen. Zwiebel, Chili sowie nach Belieben Thymianzweige und Lorbeerblatt darin bei mittlerer bis starker Hitze 5 Minuten garen. Das Lammhack zugeben und etwa 10 Minuten unter Rühren braten. Wenn das Hackfleisch schön gebräunt ist, Süßkartoffel und Karotte zugeben und bei aufgesetztem Deckel 3 Minuten garen. Mehl, Zwiebelgranulat, Selleriesalz, Gewürznelken, Kurkuma und Kreuzkümmel sorgfältig untermischen und 60 ml Wasser zufügen. Mit Salz, weißem Pfeffer und Cayennepfeffer würzen. Den Deckel aufsetzen und 30 Minuten bei schwacher Hitze garen, bis die Sauce schön eingedickt ist. Abkühlen lassen.

Den Backofen auf 180 °C vorheizen und ein Backblech mit Backpapier belegen.

Den Teig in 8 Portionen teilen. Nacheinander auf einer leicht bemehlten Arbeitsfläche etwa 5 mm dick ausrollen und etwa 12 cm dicke Kreise ausstechen oder ausschneiden. Je 1½ EL Hackfleischmischung in der Teigmitte verteilen. Die Teigränder mit Eiweiß bestreichen, über der Füllung zusammenklappen und zusammendrücken. Die Teigtaschen auf das vorbereitete Backblech setzen und mit dem Eiweiß bestreichen.

Im vorgeheizten Ofen 15–20 Minuten goldbraun backen. Vor dem Servieren etwa 5 Minuten abkühlen lassen oder kalt genießen.

LAMMSCHMORTOPF MIT SPINAT

Efo Riro (Yoruba)

Dieses herzhafte Schmorgericht ist ein beliebtes Gericht aus der Yoruba-Küche. Es wird nicht viel Flüssigkeit zugegeben, weil die Sauce idealerweise recht dick sein sollte. In der Regel wird der Lammschmortopf mit Egusi-Suppe (s. S. 18) und Eba (s. S. 29) serviert er schmeckt aber auch mit einfachem Reis sehr lecker.

ZUBEREITUNG: 15 MIN.
GARZEIT: 35 MIN.
FÜR 4 PERSONEN

2 rote Paprikaschoten, entkernt und klein geschnitten
4 Stangen Staudensellerie, klein geschnitten
4 EL Palmöl (oder Kokosöl)
500 g Lammschmorfleisch aus der Keule, gewürfelt
1 Zwiebel, in feine Streifen geschnitten
2 scharfe Chilischoten, entkernt und fein gehackt
2 EL Carobpulver
½ TL gemahlene Gewürznelken
2 TL Zwiebelgranulat
1 TL Selleriesalz
1 TL gemahlene Kurkuma
1 TL getrocknete Petersilie
Salz und Cayennepfeffer
800 g junge Spinatblätter, gehackt

Paprika und Sellerie pürieren.

Das Öl in einer großen, schweren Pfanne bei mittlerer bis starker Hitze zerlassen. Das Lammfleisch darin in zwei Portionen etwa 4 Minuten rundum anbräunen. Mit einem Schaumlöffel herausnehmen und beiseitestellen.

Nun Zwiebel und Chili in die Pfanne geben und etwa 10 Minuten bei schwacher Hitze glasig dünsten. Das Gemüsepüree mit Carobpulver, Gewürznelken, Zwiebelgranulat, Selleriesalz, Kurkuma und Petersilie unterrühren. Bei starker Hitze etwa 5 Minuten einkochen.

Das Lammfleisch wieder in die Pfanne geben. Mit Salz und Cayennepfeffer würzen. Den Spinat untermischen. Den Deckel aufsetzen und 10 Minuten bei schwacher Hitze köcheln lassen, bis das Lammfleisch durchgegart ist.

Das Lammfleisch auf vier Tellern anrichten und sofort servieren.

BAOBAB-LAMMKOTELETTS

Ich bin ein großer Fan des Marinierens, weil die Aromen dadurch vertieft und intensiviert werden. Diese Marinade mit Baobab ist perfekt für Lammfleisch, und Lammkoteletts sind superschnell gebraten. Wenn Sie also rechtzeitig daran denken, die Koteletts zu marinieren, ist das Gericht selbst im Handumdrehen zubereitet. Servieren Sie eine Yamssuppe dazu (s. S. 38).

ZUBEREITUNG: 10 MIN.
GARZEIT: 25 MIN.
FÜR 4 PERSONEN

FÜR DIE MARINADE
6 EL Erdnussöl, plus mehr zum Braten
2 EL Baobabpulver
2 TL Zwiebelgranulat
1 TL gemahlener Ingwer
1 TL Selleriesalz
1 TL getrocknete Chiliflocken

8 Lammkoteletts
grob gehackte Erdnüsse (oder Cashewkerne), zum Servieren

FÜR DEN SPINATJOGHURT
200 g Kokosjoghurt (oder griechischer Joghurt)
75 g junge Spinatblätter, gehackt
1 TL Zitronensaft
Salz und schwarzer Pfeffer

Für die Marinade das Erdnussöl mit Baobabpulver, Zwiebelgranulat, Ingwer, Selleriesalz und Chiliflocken in einer Schüssel verrühren. Die Lammkoteletts darin wenden und abgedeckt mit Frischhaltefolie mindestens 4 Stunden oder über Nacht im Kühlschrank marinieren.

Etwas Erdnussöl in einer gusseisernen Grillpfanne erhitzen. Die Hälfte der Koteletts darin bei mittlerer bis starker Hitze 5–6 Minuten von jeder Seite braten. Auf einen Teller heben und warm halten. Bei Bedarf etwas mehr Öl in die Pfanne geben und die restlichen Koteletts braten.

Inzwischen den Joghurt mit Spinat und Zitronensaft in einer Schale verrühren. Mit Salz und Pfeffer abschmecken.

Die Koteletts auf Tellern anrichten und mit Erdnüssen garnieren. Sofort mit dem Spinatjoghurt servieren.

RINDERSCHMORTOPF MIT AMALA

Als ich dieses Gericht zum ersten Mal meiner Familie vorsetzte, waren alle etwas skeptisch, was vermutlich daran lag, dass Yamsmehl quasi nur für Amala, eine Okele-Art, verwendet wird. Jedenfalls konnte ich meine Familie überzeugen; mittlerweile lieben alle dieses Schmorgericht. Das Yamsmehl verwende ich, um weiche Klöße daraus zu machen, die mit Gewürznelken gewürzt sind, um den bitteren Nachgeschmack des Mehls zu kaschieren. Es ist ein recht herzhaftes Gericht und deshalb besonders für die kältere Jahreszeit zu empfehlen.

ZUBEREITUNG: 30 MIN.
GARZEIT: 1 STD.
FÜR 4 PERSONEN

FÜR DIE KLÖSSE
160 g Yamsmehl
1 TL gemahlene Gewürznelken
1 TL Salz

1 Zwiebel, gehackt
1 Stück Ingwer (4 cm), geschält und gehackt
2 Stangen Staudensellerie, gehackt
2 EL Kokosöl
400 g Rindergulasch
1 scharfe Chilischote, entkernt und fein gehackt
600 ml Rinderbrühe
200 ml Reisdrink
2 Lorbeerblätter
2 Selimpfefferschoten, Körner herausgelöst und Hülse entfernt (nach Belieben)
Salz und Cayennepfeffer
½ mittelgroße Puna-Yamswurzel oder 8 kleine weißfleischige Süßkartoffeln, geschält und gewürfelt
400 g, Schwarzaugenbohnen (aus der Dose), abgetropft
100 g Spinat, gehackt

Für die Klöße das Yamsmehl in eine große Schüssel sieben und mit Gewürznelken und Salz mischen. Mit den Knethaken eines Handrührgeräts nach und nach 4 EL Wasser einarbeiten, bis ein feuchter, aber nicht klebriger Teig entsteht. Den Teig zu walnussgroßen Kugeln formen und leicht flach drücken. Mit Frischhaltefolie abdecken.

Zwiebel, Ingwer und Sellerie mit 60 ml Wasser glatt pürieren. Das Kokosöl in einem großen Schmortopf bei mittlerer Hitze zerlassen. Das Gemüsepüree darin etwa 5 Minuten garen, bis es etwas eingedickt ist. Das Fleisch mit der Chili zugeben und 10 Minuten rundum anbräunen. Mit Brühe und Reisdrink ablöschen. Lorbeerblätter und nach Belieben Selimpfefferschoten zugeben. Mit Salz und Cayennepfeffer würzen und bei starker Hitze zum Kochen bringen. Den Deckel aufsetzen und 20 Minuten bei schwacher Hitze schmoren.

Yams und Bohnen untermischen. Den Deckel wieder aufsetzen und weitere 15 Minuten garen. Den Spinat unterheben. Die Klöße daraufsetzen und ohne Deckel 10 Minuten garen, bis Yams, Fleisch und Klöße gar sind. Zur Probe einen Kloß durchschneiden.

In Schalen füllen und sofort servieren.

RINDFLEISCH IN MALZSAUCE

Dieses Schmorgericht ist für mich das perfekte Essen für einen verregneten Tag. Es wärmt innerlich mit seinen vielfältigen Aromen und dem saftigen Fleisch. Ich habe an anderer Stelle schon erwähnt, dass Malzbier etwas gewöhnungsbedürftig ist, aber es passt so toll zu den anderen kräftigen Aromen. Ich liebe Gerichte, für die man alle Zutaten in einen Topf werfen kann und die dann alleine vor sich hin schmoren – und dieses hier ist das beste Beispiel dafür.

ZUBEREITUNG: 15 MIN.
GARZEIT: 3 STD. 20 MIN.
FÜR 4 PERSONEN

2 EL Erdnussöl, plus mehr zum Beträufeln
4 dicke Beinscheiben vom Rind (etwa 800 g insgesamt), mit Knochen
2 EL Reismehl, zum Bestäuben
1 EL geriebene Muskatnuss, zum Bestäuben
1 große Zwiebel, halbiert und in feine Streifen geschnitten
2 Stangen Staudensellerie, klein geschnitten
2 EL Malzsirup (oder Malzextrakt)
1 Rinderbrühwürfel
300 g Champignons, in Scheiben geschnitten
4 Zweige Thymian
2 Lorbeerblätter
2 TL Zwiebelgranulat
1 TL Selleriesalz
½ TL gemahlene Gewürznelken
1 TL geriebene Muskatnuss
Salz
Zwiebelhirse (s. S. 60), zum Servieren (nach Belieben)

Das Erdnussöl durch Schwenken auf dem Topfboden eines Schmortopfes verteilen. Die Beinscheiben in einer großen Schüssel von beiden Seiten mit Reismehl und Muskatnuss bestäuben. Im heißen Öl 3–4 Minuten von beiden Seiten anbräunen. Aus dem Topf nehmen und auf einem Teller beiseitestellen. Bei Bedarf noch etwas Öl in den Topf geben und Zwiebel und Sellerie darin 5 Minuten bei mittlerer Hitze weich dünsten.

Den Backofen auf 180 °C vorheizen.

In einem Messbecher 800 ml kochendes Wasser mit Malzsirup und Brühwürfel verrühren. Das Gemüse mit ein paar Esslöffeln Malzbrühe ablöschen. Die Beinscheiben wieder in den Topf geben. Pilze, Thymian und Lorbeer zugeben. Mit der restlichen Brühe ablöschen. Zwiebelgranulat, Selleriesalz und Gewürze zugeben. Die Brühe bei starker Hitze bis knapp unter den Siedepunkt erhitzen. Den Topf mit aufgesetztem Deckel in den vorgeheizten Ofen schieben und das Fleisch 3 Stunden schmoren. Wenn die Sauce zu stark einkocht, bis zu 200 ml zusätzliches Wasser angießen.

Den Topf aus dem Ofen nehmen und das Fleisch 5 Minuten ruhen lassen. Auf Tellern oder in Schalen anrichten und mit der Sauce überziehen. Sofort mit Zwiebelhirse, Reis oder Kartoffelpüree servieren.

SUYA-RINDFLEISCHBURGER

Als Kind freute ich mich immer auf die Wochenenden, an denen wir nach Abeokuta fuhren, eine Großstadt im Südwesten Nigerias, wo es tolles Streetfood gab. Mein Lieblingsgericht war Suya. Meine Cousinen, mein Cousin und ich wetteten jedes Mal, wer am meisten essen konnte, ohne zu trinken. Ich habe nie verloren. Vielmehr schleckte ich immer die Gewürzreste vom Einwickelpapier ab. Viele Jahre später, als ich schon an der Uni studierte, war (und ist vielleicht immer noch) das einzige, das mich genauso in Begeisterung versetzen konnte wie Suya damals, ein saftiger Rindfleischburger nach dem Feiern. Anders als das Suya-Lammcurry (s. S. 132) sind diese Burger schnell zubereitet und viel eher ein traditionelles Streetfood. Man braucht nicht viele Toppings, weil die ganzen Aromen schon im Patty stecken und mich an die Wochenenden in Abeokuta erinnern.

ZUBEREITUNG: 15 MIN.
GARZEIT: 20 MIN.
FÜR 4 PERSONEN

- **2 EL Erdnussöl**
- **1 rote Zwiebel, fein gehackt**
- **1 Stück Ingwer (4 cm), geschält und gehackt**
- **Körner von 2 Selimpfefferschoten, zerstoßen (nach Belieben)**
- **500 g Rinderhackfleisch (oder Lammhackfleisch, 20 % Fett)**
- **1 EL geröstetes Erdnussmehl (oder 2 EL zerstoßene Erdnüsse)**
- **2 TL Zwiebelgranulat**
- **1 TL gemahlener Ingwer**
- **2 TL Cayennepfeffer (nach Belieben)**
- **1 TL Salz**

ZUM ZUSAMMENSETZEN

- **4–8 Scheiben Agege-Brot (oder 4 Agege-Brötchen) (siehe Hinweis)**
- **4 EL Erdnussmus**
- **junge Spinatblätter**
- **½ rote Zwiebel, in Ringe geschnitten**
- **2 große Tomaten, in Scheiben geschnitten**

Die Hälfte des Öls in einer kleinen Pfanne erhitzen. Zwiebel, Ingwer und nach Belieben Selimpfeffer darin 4 Minuten bei mittlerer Hitze dünsten, bis die Zwiebel weich wird. In eine große Schüssel geben und etwas abkühlen lassen. Hackfleisch, Erdnussmehl, Zwiebelgranulat, Ingwer, nach Belieben Cayennepfeffer und Salz zufügen. Von Hand vermengen.

Die Hackfleischmasse in vier gleich große Portionen teilen und zu Pattys formen. Das restliche Öl in einer Grillpfanne erhitzen. Die Pattys darin je nach gewünschter Garstufe 4–6 Minuten von jeder Seite braten.

Die Brotscheiben leicht rösten. Je einen Patty daraufsetzen. Mit 1 EL Erdnussmus, Spinat, Zwiebelringen und Tomatenscheiben garnieren. Mit einer zweiten Brotscheibe bedecken.

HINWEIS

Agege-Brötchen lassen sich aus dem Teig von Agege-Brot (s. S. 152) zubereiten. Dafür den Teig nach der zweiten Teigruhe in acht Portionen teilen, zu Kugeln formen und etwas flach drücken. Im vorgeheizten Ofen etwa 10 Minuten backen, bis die Brötchen schön aufgegangen und gebräunt sind. Die restlichen vier Brötchen können für einen anderen Zweck verwendet werden. Sie können auch Brioche für diese Burger verwenden.

MORINGA-RINDFLEISCH-TOPF MIT BOHNENKLÖSSEN

Miyan Zogale da Danwake (Hausa)

Für dieses herzhafte Schmorgericht habe ich zwei traditionelle Hausa-Gerichte kombiniert: *Miyan Zogale* (»Moringa-Suppe«) wird oft im Norden Nigerias serviert und *Danwake* ist ein Kloß aus Bohnenmehl und Baobabblättern. Während Moringa und Baobab in Europa eher als Pulver in den Superfood-Regalen in Reformhäusern und Biomärkten zu finden sind, sind sie im Norden Nigerias als Blattgemüse bzw. Frucht auf jedem Markt erhältlich. In jedem Fall sorgen die beiden Zutaten für einen echten Nährstoff-Boost. Anstelle von Bohnenmehl können Sie feinen Maisgrieß verwenden. Sie können die Klöße auch ganz weglassen und stattdessen Hirse dazu reichen.

ZUBEREITUNG: 20 MIN.
GARZEIT: 2 STD.
FÜR 4 PERSONEN

2 TL Selleriesalz
4 TL Zwiebelgranulat
800 g Rindergulasch, gewürfelt
4 EL Kokosöl
1 weiße Zwiebel, halbiert und in Streifen geschnitten
4 große Tomaten, halbiert und in Scheiben geschnitten
120 g Erdnussmus (oder Cashewmuss)
600 ml Rinderbrühe
2 TL Carobpulver
2 EL Moringapulver
Salz und Cayennepfeffer

FÜR DIE KLÖSSE
200 g Bohnenmehl
2 EL Baobabpulver
1 TL Backpulver
1 Rinderbrühwürfel, zerkrümelt
Salz und Cayennepfeffer

Selleriesalz und Zwiebelgranulat in einer Schüssel mischen und das Gulasch darin wenden. Das Kokosöl in einem großen Schmortopf bei starker Hitze zerlassen. Das Fleisch darin portionsweise 10 Minuten rundum anbräunen und mit einem Schaumlöffel auf einen Teller heben und beiseitestellen.

Den Backofen auf 180 °C vorheizen.

Zwiebel und Tomaten zufügen und 5 Minuten bei mittlerer Hitze braten. Die Erdnussmus einrühren und weitere 5 Minuten garen. Das Fleisch wieder in den Topf geben. Mit der Brühe ablöschen. Carob- und Moringapulver untermischen. Bei mittlerer bis starker Hitze 15 Minuten unter Rühren köcheln lassen, bis die Sauce einzudicken beginnt. Mit Salz würzen. Bei aufgesetztem Deckel 1 Stunde im vorgeheizten Ofen garen.

Für die Klöße das Bohnenmehl in eine Schüssel sieben. Mit Baobabpulver, Backpulver und Brühwürfel vermengen. Mit Salz und Cayennepfeffer würzen. Mit etwa 180 ml kaltem Wasser zu einem weichen, leicht klebrigen Teig verarbeiten. Eventuell weitere 2 EL Wasser zufügen, damit der Teig bindet. Mit befeuchteten Händen esslöffelgroße Portionen zu Kugeln formen.

Nachdem das Fleisch 1 Stunde im Ofen geschmort hat, die Klöße auf das Rindfleisch setzen und bei aufgesetztem Deckel 20 Minuten dämpfen, bis sie durchgegart und aufgegangen sind.

Das Rindfleisch mit den Klößen in tiefen Tellern oder Schalen anrichten. Sofort servieren.

RINDERSTEAKS SHANGO

Für dieses Buch wollte ich unbedingt ein Gericht kreieren, das von der Esskultur der Yoruba inspiriert ist. Bei diesen feurig roten, scharfen Rindersteaks hatte ich Shango im Kopf, die Yoruba-Göttin des Feuers (Orisha). Anstelle von Palmöl können Sie zwar Kokosöl verwenden, allerdings wird dann das eigentliche Aroma der Steaks verändert. Weil sie so dünn sind, sind sie ganz fix zubereitet. Allerdings spricht auch nichts dagegen, diese Minutensteaks durch vier dickere zu ersetzen und entsprechend länger zu braten. Am besten schmecken die Steaks mit Süßkartoffelfritten und einem Glas Milch.

ZUBEREITUNG: 10 MIN.
GARZEIT: 10 MIN.
FÜR 4 PERSONEN

3 EL Palmöl
12 dünne Rindersteaks

FÜR DIE WÜRZPASTE
1 EL Kokos Aminos (oder 1 TL Garnelenpaste)
2 EL Palmweinessig (oder Weißweinessig)
1 Stück Ingwer (2 cm), geschält und gehackt
½ Knoblauchzehe, fein gewürfelt
¼ Zwiebel, fein gewürfelt
1 EL gehackte Petersilie
4 EL Kokosöl

FÜR DIE GEWÜRZMISCHUNG
2 Selimpfefferschoten, Körner herausgelöst, Hülsen entsorgt
1 EL Cayennepfeffer
1 TL grob gemahlener schwarzer Pfeffer

Für die Würzpaste Kokos Aminos und Palmwein mit Ingwer, Knoblauch und Zwiebel in einem Topf verrühren. Bei mittlerer Hitze dünsten, bis Zwiebel und Knoblauch weich werden. In eine kleine Schüssel füllen und Petersilie und Kokosöl unterrühren. Mit Frischhaltefolie abdecken, abkühlen lassen, dann im Kühlschrank ziehen lassen.

Für die Gewürzmischung Selimpfeffer mit Cayennepfeffer und schwarzem Pfeffer im Mörser zerstoßen. Die Steaks von beiden Seiten damit einreiben.

Das Palmöl in einer Pfanne zerlassen. Die Steaks darin gegebenenfalls portionsweise bei starker Hitze je nach gewünschter Garstufe 1 Minute oder länger von beiden Seiten braten.

Je 3 Steaks mit je 1 EL Würzpaste (pro Portion) auf dem Fleisch anrichten. Sofort servieren.

HIRSCHSTEAKS MIT SELIMPFEFFER

Wild hat in Nigeria zwar keine Tradition, aber ich esse es super gern – zumal das Aroma von Hirsch und Co. sich sehr gut mit den Gewürzen der nigerianischen Küche verträgt. Dieses Rezept war eines meiner erfolgreichen Experimente, um eine klassische Pfeffersauce mit Selimpfeffer zu imitieren. Selimpfeffer hat ein holziges Aroma mit einer feinen zitronigen Note, schmeckt aber nach dem Garen in einer cremigen Sauce süßlich.

ZUBEREITUNG: 10 MIN.
GARZEIT: 25 MIN.
FÜR 4 PERSONEN

4 Hirschsteaks
Salz und schwarzer Pfeffer
2 EL Erdnussöl

FÜR DIE PFEFFERSAUCE
1 EL Kokosöl
1 kleine weiße Zwiebel, fein gehackt
1 Stück Ingwer (4 cm), geschält und gehackt
2 EL Kokos Aminos
3 Selimpfefferschoten, aufgestoßen
1 TL gemahlener schwarzer Pfeffer
1 TL gemahlener weißer Pfeffer
1 TL Zwiebelgranulat
1 Lorbeerblatt
160 ml Kokoscreme
2 TL frisch gepresster Zitronensaft
Cayennepfeffer

ZUM SERVIEREN (NACH BELIEBEN)
gegarter Spinat
gedünstete Paprikaschotenstreifen

Die Hirschsteaks mit Salz und schwarzem Pfeffer würzen.

Für die Sauce das Kokosöl in einer großen Pfanne bei mittlerer Hitze zerlassen. Zwiebel und Ingwer darin 7 Minuten unter gelegentlichem Rühren garen. Das Kokos Aminos unterrühren. Selimpfeffer, Pfeffer, Zwiebelgranulat, Lorbeerblatt und 80 ml Wasser zufügen und 5 Minuten bei schwacher Hitze köcheln lassen. Lorbeerblatt und Selimpfeffer entfernen. Kokoscreme und Zitronensaft unterrühren. Mit Salz und Cayennepfeffer abschmecken. Die Sauce in eine kleine Schüssel füllen und beiseitestellen.

Die Pfanne spülen und trocknen. Bei starker Hitze wieder auf den Herd stellen und das Erdnussöl darin erhitzen. Die Steaks 5 Minuten von jeder Seite braten. Auf ein Schneidebrett heben und einige Minuten ruhen lassen. Dann in Streifen schneiden.

Einen Saucenspiegel auf vier Teller gießen und die Steakstreifen darauf anrichten. Nach Belieben mit den Beilagen sofort servieren.

Backwaren und Desserts

AGEGE-ZOPFBROT

Die beliebteste Brotsorte in Nigeria ist Agege, ein sehr weiches, süßes Brot, das üblicherweise zu Paprikasuppe (Obe Ata, s. S. 17), Rührei oder Bohnengerichten gereicht wird. Es schmeckt ähnlich wie Brioche, wenngleich die Textur viel weicher ist. Süße Hefebrote werden in Nigeria in der Regel ohne Milch zubereitet – vor allem weil Milchprodukte grundsätzlich keine große Rolle in der nigerianischen Küche spielen – und auch meist ohne Eier. Warum das so ist, weiß ich allerdings auch nicht so genau. Was ich aber genau weiß, ist, dass Agege-Brot superlecker und vielseitig ist. Sie können den Teig nach Lust und Laune formen.

ZUBEREITUNG: 45 MIN. PLUS AUFGEH- UND KÜHLZEIT
BACKZEIT: 25 MIN.
ERGIBT: 2 LAIBE

FÜR DIE MANIOKPASTE
- 2 EL Zucker
- 1 EL Maniokmehl (oder Weizenmehl)
- ½ TL Ananasaroma (erhältlich im Internet)
- 1 EL Kokosöl

FÜR DAS ZOPFBROT
- 330 g Weizenmehl, plus mehr zum Bestäuben
- 1 TL geriebene Muskatnuss
- 1 EL Zucker
- 1 TL Salz
- ¾ TL Trockenbackhefe
- 2 EL Kokosöl (weich, aber nicht geschmolzen), plus mehr zum Einfetten
- 1 Eiweiß, verrührt mit 1 TL Wasser, zum Bestreichen

Für die Maniokpaste Zucker und Mehl in einem kleinen Topf mischen. Dabei nach und nach 125 ml Wasser und das Ananasaroma einarbeiten. Bei starker Hitze auf den Herd setzen und rühren, bis die Masse zu einer Paste eindickt. Vom Herd nehmen und das Kokosöl unterrühren. Erkalten lassen.

Das Mehl in einer großen Schüssel mit Muskat, Zucker, Salz und Hefe mischen. Eine Vertiefung in die Mitte drücken. Die Maniokpaste mit 125 ml lauwarmem Wasser hineingeben und nach und nach mit den Trockenzutaten mischen, bis die Zutaten gebunden sind.

Den Teig auf einer leicht bemehlten Arbeitsfläche 10 Minuten falten. Dafür den Teig mit einem Nudelholz ausrollen, zusammenklappen, ein Stück drehen und den Vorgang wiederholen, bis der Teig elastisch wird. Dabei bei Bedarf die Arbeitsfläche erneut mit Mehl bestäuben.

Den Teig weitere 10 Minuten kneten, dabei das Kokosöl nach und nach einarbeiten. Der Teig ist fertig, wenn er nicht mehr am Nudelholz klebt. In eine leicht eingefettete Schüssel geben, mit Frischhaltefolie abdecken und 60 Minuten gehen lassen, bis das Teigvolumen sich verdoppelt hat. Zwei Kastenformen (für je ein 500-g-Brot) mit Kokosöl einfetten.

Eine Arbeitsfläche mit Mehl bestäuben. Den Teig kurz mit den Fäusten durchkneten und in sechs gleich große Portionen teilen. Zu 25 cm langen Strängen rollen. Je drei Teigstränge locker zu einem Zopf flechten. Die Enden zusammendrücken und nach unten schlagen. In die vorbereiteten Formen setzen und an einem warmen Ort weitere 60 Minuten gehen lassen.

Inzwischen den Backofen auf 200 °C vorheizen. Die Brote mit etwas verdünntem Eiweiß bestreichen und im heißen Ofen 20 Minuten goldbraun backen. Die Brote aus den Formen lösen und mindestens 10 Minuten auf einem Kuchengitter abkühlen lassen. Warm servieren.

PUFF PUFF

Worauf ich mich bei nigerianischen Hochzeiten immer besonders freute, war – abgesehen von den traditionellen Gewändern und der Musik –, dass es Puff Puff gab, ein Schmalzgebäck, dessen Name, so vermute ich, eine Anspielung darauf ist, wie der Teig beim Ausbacken aufpufft. Bei den meisten nigerianischen Hochzeiten gibt es ein Büffet, wo ich mir die Puff Puff immer auf einen Teller stapelte, um sie dann genüsslich in einer ruhigen Ecke zu verzehren.

Entscheidend für perfekte Puff Puff ist die richtige Zeit im heißen Fett: Werden sie zu lang ausgebacken, bekommen sie einen unangenehmen Geschmack und werden zu fettig; bei zu kurzem Ausbacken werden sie nicht schön knusprig. Ebenfalls wichtig sind die richtige Fetttemperatur und die Balance der Zutaten im Teig. Puff Puff werden grundsätzlich nur auf eine Weise zubereitet, aber es gibt endlos viele Garnierungen.

GRUNDREZEPT

ZUBEREITUNG: 20 MIN. PLUS AUFGEHZEIT
GARZEIT: 30 MIN.
ERGIBT: 12–16 STÜCK

480 g Weizenmehl, plus mehr zum Bestäuben
100 g feiner brauner Zucker
1 TL geriebene Muskatnuss
2 TL Trockenbackhefe
340 ml Reisdrink (oder Mandeldrink), lauwarm
1 TL Vanillearoma
Erdnussöl, zum Ausbacken

Das Mehl in eine große Schüssel sieben. Zucker, Muskat und Hefe untermischen. Eine Vertiefung in die Mitte drücken. Reisdrink und Vanillearoma hineingeben. Nach und nach mit den Knethaken eines Handrührgeräts mit den Trockenzutaten mischen. Der Teig sollte in etwa die Konsistenz eines dicken Pfannkuchenteigs haben. Mit einem Tuch abdecken und an einem warmen Ort etwa 30 Minuten gehen lassen, bis er leicht eingedickt ist.

Ein Sieb mit Küchenpapier auslegen. Einen mittelgroßen Topf zu zwei Dritteln mit Öl füllen. Das Fett auf mittlerer bis hoher Stufe erhitzen. Um zu testen, ob die Temperatur richtig ist, 1 TL Teig ins Fett gleiten lassen; es sollten sich direkt Bläschen darum bilden und der Teig sollte fast sofort wieder nach oben steigen.

Mit einem Eisportionierer vier Teigportionen abnehmen und zwischen bemehlten Handflächen zu Kugeln formen. Ins heiße Fett gleiten lassen. Die Kugeln sollten sinken und gleich wieder nach oben steigen. Damit die Temperatur nicht zu stark absinkt, den Topf nicht zu voll machen und portionsweise arbeiten. Nach etwa 3 Minuten die Kugeln wenden und weitere 3 Minuten ausbacken, bis sie rundum schön gebräunt sind. Inzwischen die nächsten Puff Puff vorbereiten.

Die fertigen Puff Puff mit einem Schaumlöffel herausheben und im vorbereiteten Sieb einige Minuten abtropfen lassen. Warm servieren.

PUFF PUFF MIT SCHOKOLADE UND CHILI

ZUBEREITUNG: 45 MIN. PLUS AUFGEHZEIT
GARZEIT: 35 MIN.
ERGIBT: 12–16 STÜCK

420 g Weizenmehl, plus mehr zum Bestäuben
60 g Kakaopulver
2 TL Cayennepfeffer (nach Belieben)
100 g feiner brauner Zucker
4 TL Trockenbackhefe
340 ml Reisdrink (oder Mandeldrink), lauwarm
Erdnussöl, zum Ausbacken

FÜR DIE FÜLLUNG
400 ml Ogi (s. S. 173) oder Vanillecreme
200 g dunkle Schokolade, in Stücke gebrochen
1 TL Vanillearoma
1 TL Cayennepfeffer (nach Belieben)

Puderzucker, zum Bestäuben
heißer Kakao, zum Servieren (nach Belieben)

Mehl und Kakaopulver in eine große Schüssel sieben und nach Belieben 2 TL Cayennepfeffer sowie Zucker und Hefe untermischen. Eine Vertiefung in die Mitte drücken. Den Reisdrink hineingießen. Nach und nach mit den Knethaken eines Handrührgeräts mit den Trockenzutaten mischen. Der Teig sollte in etwa die Konsistenz eines dicken Pfannkuchenteigs haben. Mit einem Tuch abdecken und an einem warmen Ort etwa 30 Minuten gehen lassen, bis er leicht eingedickt ist.

Ein Sieb mit Küchenpapier auslegen. Einen mittelgroßen Topf zu zwei Dritteln mit Öl füllen. Das Fett auf mittlerer bis hoher Stufe erhitzen. Um zu testen, ob die Temperatur richtig ist, 1 TL Teig ins Fett gleiten lassen; es sollten sich direkt Bläschen darum bilden und der Teig sollte fast sofort wieder nach oben steigen.

Mit einem Eisportionierer vier Teigportionen abnehmen und zwischen bemehlten Handflächen zu Kugeln formen. Ins heiße Fett gleiten lassen. Die Kugeln sollten sinken und gleich wieder nach oben steigen. Damit die Temperatur nicht zu stark absinkt, den Topf nicht zu voll machen und portionsweise arbeiten. Nach etwa 3 Minuten die Kugeln wenden und weitere 3 Minuten ausbacken, bis sie rundum schön gebräunt sind. Inzwischen die nächsten Puff Puff vorbereiten. Die fertigen Puff Puff mit einem Schaumlöffel aus dem Fett heben und im vorbereiteten Sieb einige Minuten abtropfen und abkühlen lassen.

Inzwischen Ogi und Schokolade in einem Topf bei mittlerer Hitze rühren, bis die Schokolade geschmolzen ist. Vanillearoma und nach Belieben restlichen Cayennepfeffer unterrühren.

Die Masse in einen Spritzbeutel füllen. Die Puff Puff einstechen und durch das Loch mit der Schokoladenmasse füllen. Mit Puderzucker bestäuben und warm, nach Belieben mit einer Tasse heißen Kakao servieren.

PUFF PUFF MIT HIBISKUS

ZUBEREITUNG: 25 MIN. PLUS AUFGEHZEIT
GARZEIT: 45 MIN.
ERGIBT: 12–16 STÜCK

480 g Weizenmehl, plus mehr zum Bestäuben
150 g feiner brauner Zucker
3 EL fein geschnittene getrocknete Hibiskusblüten
1 TL geriebene Muskatnuss
2 TL Trockenbackhefe
340 ml Reisdrink (oder Mandeldrink), lauwarm
1 TL Vanillearoma
Erdnussöl, zum Ausbacken
Moringatee (oder anderer Kräutertee), zum Servieren (nach Belieben)

Das Mehl in eine große Schüssel sieben. 100 g Zucker, 1 EL Hibiskusblüten, Muskatnuss und Hefe untermischen. Eine Vertiefung in die Mitte drücken. Reisdrink und Vanillearoma hineingeben. Nach und nach mit den Knethaken eines Handrührgeräts mit den Trockenzutaten mischen. Der Teig sollte in etwa die Konsistenz eines dicken Pfannkuchenteigs haben. Mit einem Tuch abdecken und an einem warmen Ort etwa 30 Minuten gehen lassen, bis er leicht eingedickt ist.

Ein Sieb mit Küchenpapier auslegen. Einen mittelgroßen Topf zu zwei Dritteln mit Öl füllen. Das Fett auf mittlerer bis hoher Stufe erhitzen. Um zu testen, ob die Temperatur richtig ist, 1 TL Teig ins Fett gleiten lassen; es sollten sich direkt Bläschen darum bilden und der Teig sollte fast sofort wieder nach oben steigen.

Mit einem Eisportionierer vier Teigportionen abnehmen und zwischen bemehlten Handflächen zu Kugeln formen. Ins heiße Fett gleiten lassen. Die Kugeln sollten sinken und gleich wieder nach oben steigen. Damit die Temperatur nicht zu stark absinkt, den Topf nicht zu voll machen und portionsweise arbeiten. Nach etwa 3 Minuten die Kugeln wenden und weitere 3 Minuten ausbacken, bis sie rundum schön gebräunt sind. Inzwischen die nächsten Puff Puff vorbereiten.

Die fertigen Puff Puff mit einem Schaumlöffel herausheben und im vorbereiteten Sieb einige Minuten abtropfen und abkühlen lassen.

Inzwischen 1 EL Hibiskusblüten, restlichen Zucker und 100 ml Wasser in einem kleinen Topf etwa 15 Minuten sanft köcheln lassen, bis ein violetter Sirup entstanden ist. Abkühlen lassen.

Die Puff Puff einige Male einstechen. Mit dem Hibiskussirup tränken und 5 Minuten ziehen lassen. Mit den restlichen Hibiskusblüten bestreuen. Warm, nach Belieben mit Moringatee servieren.

HINWEIS

Bis alle Puff Puff ausgebacken sind, können die fertigen bei schwacher Temperatur im Ofen warm gehalten werden. Nach dem Abtropfen auf einem Backblech in den Ofen schieben. Die Puff Puff können beim Ausbacken »Füßchen« bekommen, was ihrem Geschmack aber keinen Abbruch tut. Meiner Meinung nach verleiht es ihnen im Gegenteil sogar etwas mehr Charakter.

ABIGAILS WÜRZIGES BANANENBROT

Ich bin ja ein kleines Schleckermäulchen, deshalb war meine erste Begegnung mit einem *würzigen* Bananenbrot etwas befremdlich für mich. Aber schon nach wenigen Bissen hat mich der Geschmack überzeugt. Dieses Rezept verdanke ich meiner lieben Freundin Abigail. Das Brot hat die perfekte Gewürzmischung, um die Süße der Bananen auszubalancieren.

ZUBEREITUNG: 15 MIN. PLUS KÜHLZEIT
BACKZEIT: 45 MIN.
ERGIBT: 1 LAIB

- 100 g Kokosöl (weich, aber nicht geschmolzen), plus mehr zum Einfetten
- 175 g Kokosblütenzucker (oder Demerara-Zucker)
- 2 Eier (Klasse L)
- 1 TL Vanillearoma
- 220 g Weizenmehl
- 1 TL Backnatron
- 5 EL Reisdrink (oder anderer Pflanzendrink)
- 1 TL geriebene Muskatnuss
- 1 TL grob gemahlener schwarzer Pfeffer
- 1 TL zerstoßene Chiliflocken
- 3 vollreife Bananen, zerdrückt

Den Backofen auf 180 °C vorheizen und eine Kastenform (für ein 500-g-Brot) mit Kokosöl einfetten.

Kokosöl und Zucker in einer großen Schüssel cremig rühren. Die Eier einzeln unterrühren. Das Vanillearoma einarbeiten. Mehl und Natron darübersieben und unterziehen, bis ein glatter, dicker Teig entstanden ist. Nach und nach den Reisdrink einarbeiten. Zuletzt Gewürze und Bananen unterheben.

Den Teig in die vorbereitete Form füllen und im vorgeheizten Ofen 45 Minuten backen. Zur Probe einen Holzspieß in den Teig stechen, der sauber wieder herauskommen sollte.

Das Bananenbrot 10 Minuten abkühlen lassen, dann aus der Form lösen und auf einem Kuchengitter erkalten lassen.

HINWEIS
Wenn die Bananen noch nicht weich und reif genug sind, legen Sie sie etwa 15 Minuten in den 140 °C heißen Ofen und lassen Sie sie vor dem Zerdrücken erkalten.

GARRI-SCHOKO-RIEGEL

Nach den Wochenenden bei meiner Familie kehrte ich immer mit Taschen voller Garri und Dosen mit Schokoladenpulver und Trockenmilch von meiner Großmutter ins Internat zurück. Süßigkeiten und andere Schleckereien waren in den Schlafsälen nicht erlaubt. Also musste ich bei meiner Ankunft immer höllisch aufpassen, um nicht in die Arme der Hausmutter oder anderer Aufsichtspersonen zu laufen. Die Mädels, mit denen ich ein Zimmer teilte, zeigten mir, wie man »Schokoriegel« herstellte, indem man Trockenmilch und Schokopulver zwischen zwei Papierbögen aufeinanderschichtet und zum Verdichten mit den Dosen darüberrollt. Die Riegel bestreuten wir dann mit Garri und verzehrten sie genüsslich. Dieses Rezept ist eine weiterentwickelte Version dieser Riegel, ganz ohne Backen.

ZUBEREITUNG: 15 MIN. PLUS KÜHLZEIT
GARZEIT: 10 MIN.
ERGIBT: 21 RIEGEL

150 g Garri
100 g Haferflocken
75 g Egusi-Kerne (oder Mandelblättchen)
60 g Kokosöl
120 g Kokosblütensirup (oder Honig)
60 g brauner Zucker
¼ TL Vanillearoma (oder Mandelaroma)
200 g Schokolade, grob gehackt

Eine quadratische Form (20 cm Seitenlänge) mit Backpapier auslegen.

Das Garri in einer Schüssel mit Haferflocken und Egusi-Kernen mischen. Kokosöl, Kokosblütensirup, Zucker und Vanillearoma in einen Topf geben und bei mittlerer Temperatur unter gelegentlichem Rühren erhitzen, bis das Kokosöl geschmolzen ist und der Zucker sich vollständig aufgelöst hat. Die Masse zur Garri-Mischung gießen und mit einem Teigschaber sorgfältig unterziehen. Die Mischung in die vorbereitete Form füllen, gut andrücken und etwa 5 Minuten abkühlen lassen.

Inzwischen die Schokolade in eine hitzebeständige Schüssel geben und über einem Wasserbad unter gelegentlichem Rühren schmelzen. Die Schokolade über die Garri-Masse gießen, mit einem Teigschaber glatt verstreichen und 10–15 Minuten abkühlen lassen. Dann im Kühlschrank 2 Stunden fest werden lassen.

Die Zubereitung mithilfe des Backpapiers aus der Form heben und mit einem scharfen Messer in 7 Streifen, dann quer dazu in 3 Reihen schneiden, sodass 21 Riegel entstehen. In einem dicht schließenden Behälter aufbewahren.

ERDNUSS-KARAMELL-RIEGEL

Die beiden beliebtesten Snacks im Internatskiosk waren Erdnussriegel und Karamellstangen. Wir wickelten die weichen Karamellstangen dann immer fest um die Erdnussriegel. Man galt als Expertin, wenn man die Stangen ohne jede Lücke um den Riegel legen konnte. Diese Erdnuss-Karamell-Kombi war während meiner ganzen Schulzeit total angesagt, weil sie eine der wenigen Süßigkeiten war, an die wir ohne Weiteres rankamen. Auch heute noch muss ich daran denken, wie wunderbar weich die Riegel waren, und genau aus diesem Grund wollte ich diese Süßigkeit selbst herstellen.

ZUBEREITUNG: 5 MIN. PLUS KÜHLZEIT
GARZEIT: 20 MIN.
ERGIBT: 18 RIEGEL

FÜR DEN SAHNEKARAMELL
2 EL Kokosöl
794 g gesüßte Kondensmilch (aus der Dose)
1 TL Vanillearoma

FÜR DEN ERDNUSSKARAMELL
450 g Zucker
1 EL Kokosöl
½ TL Vanillearoma
300 g Erdnüsse

Eine quadratische Form (20 cm Seitenlänge) mit Backpapier auskleiden.

Für den Sahnekaramell das Kokosöl in einem Topf bei mittlerer Hitze zerlassen. Die Kondensmilch mit dem Vanillearoma zugießen und rühren, bis die Mischung nach etwa 6 Minuten einzudicken beginnt und hellbraun ist.

Den Karamell in die vorbereitete Form füllen. Mit einem Messer gleichmäßig bis in die Ecken verstreichen und mit einem Löffelrücken andrücken. Abkühlen lassen.

Für den Erdnusskaramell Zucker und 125 ml Wasser in einen großen Topf geben und bei mittlerer Hitze rühren, bis der Zucker sich aufgelöst hat. Bei starker Hitze etwa 8 Minuten köcheln lassen, bis der Karamell bernsteinfarben ist. Den Topf vom Herd nehmen. Kokosöl und Vanillearoma unterrühren. Die Erdnüsse sorgfältig unterziehen.

Die Masse mit einem Silikonteigschaber auf dem Sahnekaramell verstreichen. Mit einem Bogen Backpapier bedecken und mit einem kleinen Nudelholz oder einer Konservendose in den Sahnekaramell drücken. Das Backpapier vorsichtig abziehen und die Zubereitung 1 Stunde abkühlen und fest werden lassen.

Die Zubereitung mithilfe des Backpapiers aus der Form heben. In 6 Streifen, dann quer dazu in 3 Reihen schneiden, sodass 18 Riegel entstehen.

CHIN CHIN

Chin Chin ist sehr beliebt in Nigeria, und wie bei so vielen beliebten Rezepten gibt es viele Varianten. Die einen mögen ihre Chin Chin weich und in Fett ausgebacken, andere wiederum steinhart, und ich vermute mal, dass daher auch der Name kommt. Mir selbst schmeckt die etwas knusprigere Variante – irgendwo zwischen Shortbread und Biscotti – am besten. Auch mit Formgebung und Größe der Chin Chin wird in Nigeria gerne gespielt. Dieses Rezept ist schnell zubereitet, schmeckt lecker und vor allem beißt man sich keinen Zahn dabei aus! Neben einer traditionellen Version stelle ich hier auch zwei meiner Lieblingsvarianten vor.

TRADITIONELLE CHIN CHIN

ZUBEREITUNG: 20 MIN. PLUS KÜHLZEIT
GARZEIT: 15–20 MIN.
FÜR 4–6 PERSONEN

300 g Weizenmehl, plus mehr zum Bestäuben
½ TL Backpulver
90 g Zucker
1 TL geriebene Muskatnuss
4 EL Kokosöl, zerlassen
120 ml Kondensmilch
1 Ei
Erdnussöl, zum Ausbacken

Ein Backblech mit Backpapier belegen.

Mehl und Backpulver in eine große Schüssel sieben. Zucker und Muskat untermischen. In einer zweiten Schüssel Kokosöl, Kondensmilch und Ei verquirlen. Die Mischung nach und nach zu den Trockenzutaten gießen und von Hand zu einem Teig verarbeiten.

Den Teig auf einer leicht bemehlten Arbeitsfläche 3 mm dick ausrollen. Mit einem Messer in 3 cm große Quadrate schneiden und auf das vorbereitete Backblech legen. Mit Frischhaltefolie abdecken und 15 Minuten im Kühlschrank ruhen lassen.

Einen großen Topf zur Hälfte mit Öl füllen. Das Fett auf mittlerer bis hoher Stufe erhitzen. Um zu testen, ob die Temperatur richtig ist, ein kleines Teigstück hineingeben; es sollten sich direkt Bläschen darum bilden und der Teig sollte fast sofort wieder nach oben steigen.

Die Teigflecken portionsweise ins heiße Fett geben und unter ständigem Rühren 2 Minuten goldbraun ausbacken. Mit einem Schaumlöffel herausheben und auf einem mit Küchenpapier ausgelegten Kuchengitter abtropfen lassen.

Vor dem Servieren 5–10 Minuten abkühlen lassen.

CHIN CHIN MIT KAFFEE

ZUBEREITUNG: 20 MIN. PLUS KÜHLZEIT
BACKZEIT: 15 MIN.
ERGIBT: 16

1 EL Instantkaffeegranulat
300 g Weizenmehl, plus mehr zum Bestäuben
½ TL Backpulver
90 g Demerara-Zucker
1 TL geriebene Muskatnuss
4 EL Kokosöl, zerlassen
120 ml Kondensmilch
1 Ei
1 EL gemahlener Zimt
4 EL Zucker

Ein Backblech mit Backpapier belegen. Das Kaffeegranulat in 1 EL kochend heißem Wasser auflösen.

Mehl und Backpulver in eine große Schüssel sieben. Zucker und Muskat untermischen. In einer zweiten Schüssel Kokosöl, Kondensmilch, Ei und Kaffee verquirlen. Die Mischung nach und nach zu den Trockenzutaten gießen und von Hand zu einem Teig verarbeiten.

Den Teig auf einer leicht bemehlten Arbeitsfläche 3 mm dick ausrollen und Kreise mit Ø 7 cm ausstechen. Die Plätzchen auf das vorbereitete Backblech legen. Mit Frischhaltefolie abdecken und 15 Minuten im Kühlschrank ruhen lassen.

Inzwischen den Backofen auf 180 °C vorheizen. Zimt und Zucker in einer Schale mischen. Die Plätzchen aus dem Kühlschrank nehmen und mit dem Zimtzucker bestreuen. Im vorgeheizten Ofen 12–15 Minuten goldbraun backen.

Vor dem Servieren 10 Minuten auf einem Kuchengitter abkühlen lassen.

CHIN CHIN MIT ZITRONE

ZUBEREITUNG: 20 MIN. PLUS KÜHLZEIT
BACKZEIT: 15 MIN.
ERGIBT: 36

300 g Weizenmehl, plus mehr zum Bestäuben
½ TL Backpulver
4 EL Zucker
fein abgeriebene Schale von 1 Bio-Zitrone
1 TL geriebene Muskatnuss
3 EL Kokosöl, zerlassen
120 ml Kondensmilch
1 Ei
1 TL Vanillearoma

Ein Backblech mit Backpapier belegen.

Mehl und Backpulver in eine große Schüssel sieben. Zucker, Zitronenschale und Muskat untermischen. In einer zweiten Schüssel Kokosöl, Kondensmilch, Ei und Vanillearoma verquirlen. Die Mischung nach und nach zu den Trockenzutaten gießen und von Hand zu einem Teig verarbeiten.

Den Teig auf einer leicht bemehlten Arbeitsfläche 3 mm dick ausrollen und Kreise mit Ø 9 cm ausstechen. Jeden Kreis in 6 Stücke teilen. Alternativ den Teig in 3 cm große Quadrate schneiden.

Die Plätzchen auf das vorbereitete Backblech legen. Mit Frischhaltefolie bedecken und 15 Minuten im Kühlschrank ruhen lassen.

Inzwischen den Backofen auf 180 °C vorheizen. Die Plätzchen aus dem Kühlschrank nehmen und im vorgeheizten Ofen 12–15 Minuten goldbraun backen.

Vor dem Servieren 10 Minuten auf einem Kuchengitter abkühlen lassen.

AMALA-SCHOKOMUFFINS

Früher war Yamsmehl nicht so mein Ding, was wohl daran lag, dass ich nicht wusste, wie vielseitig es ist. Ich habe nämlich entdeckt, dass es eine der wenigen Mehlsorten in Nigeria ist, die man im selben Mengenverhältnis durch Weizenmehl ersetzen kann. Unter Hitzeeinwirkung wird das gebrochen weiße Mehl braun und unterstreicht die Aromen der Backwaren. Außerdem ist es die perfekte Ergänzung der Schokoladenaromen. Lassen Sie sich von diesem Rezept überzeugen!

ZUBEREITUNG: 20 MIN.
BACKZEIT: 18 MIN.
ERGIBT: 12 MUFFINS

120 g Yamsmehl
100 g Weizenmehl
1 TL gemahlene Gewürznelken
1 TL Backpulver
1 TL Backnatron
120 ml Erdnussöl, plus mehr zum Einfetten
120 g Zucker
1 TL Vanillearoma
2 Eier (Klasse L)
60 g Kakaopulver
90 g Kokosblütenzucker
40 g Schokoladentröpfchen

Den Backofen auf 180 °C vorheizen und eine Muffinform mit 12 Vertiefungen mit Papierbackförmchen auskleiden. 250 ml Wasser aufkochen.

Beide Mehlsorten, Nelken, Backpulver und -natron in eine große Schüssel sieben.

In einer zweiten, kleineren Schüssel Erdnussöl, Zucker, Vanillearoma und Eier verquirlen.

In einer weiteren Schüssel Kakaopulver und Kokosblütenzucker mischen und mit dem kochenden Wasser glatt rühren.

Die Eiermischung mit einem Handrührgerät unter die Trockenzutaten rühren. Nach und nach die Kakaomischung einarbeiten, bis ein dickflüssiger Teig entstanden ist. Die Schokotröpfchen unterziehen.

Den Teig mithilfe eines Eisportionierers in die Papierbackförmchen geben und im vorgeheizten Ofen etwa 18 Minuten backen. Zur Garprobe einen Holzspieß in die Teigmitte der Muffins stechen, der sauber wieder herauskommen sollte.

Die Muffins vor dem Servieren mindestens 10 Minuten abkühlen lassen.

KULI-KULI-CRACKER

Kuli Kuli sind knusprige, pikante Erdnusscracker aus dem Norden Nigerias. Wie die meisten nigerianischen Knabbereien werden auch sie in Fett ausgebacken, ich mag sie aber lieber knusprig, darum gebe ich sie auch noch den Ofen. Das Entscheidende für leckere Kuli Kuli ist, die gemahlenen Erdnüsse möglichst gut in einem Nussbeutel zu entfetten, damit die Masse zu einer Paste wird. Ich spare mir diesen Schritt, in dem ich einfach geröstetes Erdnussmehl verwende.

ZUBEREITUNG: 15 MIN.
GARZEIT: 20 MIN.
ERGIBT: 8–10 CRACKER

- **160 g geröstetes Erdnussmehl**
- **1 EL gemahlener Ingwer**
- **180 ml Reisdrink**
- **½ TL Mandelaroma**
- **Salz und Cayennepfeffer**
- **Erdnussöl, zum Formen und Ausbacken**
- **Vanilleeis, zum Servieren**

Den Backofen auf 180 °C vorheizen und ein Backblech mit Backpapier auslegen.

Erdnussmehl und Ingwer in einer Schüssel vermengen. Reisdrink und Mandelaroma in einer zweiten Schüssel mischen und mit den Trockenzutaten zu einem glatten Teig verarbeiten. Mit Salz und Cayennepfeffer würzen. Den Teig mit eingeölten Händen zu etwa walnussgroßen Kugeln formen.

Erdnussöl etwa 3 cm hoch in einen mittelgroßen Topf füllen und auf mittlerer bis hoher Stufe erhitzen. Je 4–5 Teigkugeln ins heiße Fett geben und 2 Minuten ausbacken. Sobald die Unterseite gebräunt ist, die Kugeln wenden und weitere 2 Minuten ausbacken. Mit einem Schaumlöffel herausheben und auf das vorbereitete Backblech geben. Alle Kugeln auf diese Weise zubereiten. Die Cracker nun im vorgeheizten Ofen 6–8 Minuten backen, bis sie außen knusprig, innen aber noch weich und krümelig sind.

Vor dem Servieren 5 Minuten abkühlen lassen.

Diese Cracker schmecken sehr lecker mit Vanilleeis.

HIBISKUS-KOKOS-TORTE

Hibiskusblüten stecken voller toller Aromen, die sich beim Kochen und Backen bestens entfalten. Für den Teig verwende ich anstelle von Mandeln Egusi-Kerne, die in der nigerianischen Küche wesentlich gängiger sind. Wenn ich Zeit zum Backen habe, was leider nicht oft vorkommt, versuche ich immer etwas Besonderes zu kreieren, das ich dann mit meinen Freunden genießen kann. So auch hier! Getrocknete Hibiskusblüten gibt es zwar das ganze Jahr, aber am besten schmeckt diese Torte doch im Sommer im Freien.

ZUBEREITUNG: 30 MIN.
BACKZEIT: 30 MIN.
FÜR 12 PERSONEN

180 g Weizenmehl
60 g gemahlene Egusi-Kerne (oder gemahlene Mandeln)
80 g fein geschnittene getrocknete Hibiskusblüten
1 TL gemahlene Gewürznelken
1 TL Backpulver
1 TL Backnatron
½ TL Salz
90 g weiches Kokosöl
60 ml Erdnussöl
100 g Zucker
80 g brauner Zucker
3 Eier (Klasse L)
400 ml Kokosmilch
2 TL Vanillearoma
2 EL frisch gepresster Zitronensaft
Kokosraspel, zum Garnieren
Hibiskusblüten, zum Garnieren

FÜR DIE FÜLLUNG
120 g Puderzucker
4 EL Kokosmilch
½ TL Kokosaroma
½ TL Vanillearoma

FÜR DIE GLASUR
300 g Frischkäse
2 EL Kokosmilch
80 g Puderzucker
1 TL fein geschnittene getrocknete Hibiskusblüten

Den Backofen auf 180 °C vorheizen. Zwei Springformen (Ø 20 cm) einfetten und mit Backpapier auskleiden.

Mehl, Egusi-Kerne, Hibiskusblüten, Gewürznelken, Backpulver, Natron und Salz in einer großen Schüssel mischen.

In einer zweiten Schüssel beide Öle und beide Zuckersorten cremig rühren. Die Eier nacheinander einrühren. Die Hälfte der Trockenzutaten unterrühren, dann die Hälfte der Kokosmilch sorgfältig einarbeiten. Dann die zweite Hälfte der Trockenzutaten, gefolgt von der restlichen Kokosmilch unterrühren. Zuletzt Vanillearoma und Zitronensaft einrühren.

Den Teig gleichmäßig auf die beiden Formen verteilen. Im vorgeheizten Ofen etwa 30 Minuten backen. Zur Garprobe einen Holzspieß in die Teigböden stechen, der sauber wieder herauskommen sollte. Die Teigböden 10 Minuten abkühlen lassen, dann aus den Formen lösen und auf einem Kuchengitter erkalten lassen.

Für die Füllung Puderzucker und Kokosmilch zu einer dickflüssigen Masse verrühren. Kokos- und Vanillearoma unterrühren. Auf die Teigböden verstreichen.

Für die Glasur alle Zutaten in einer Schüssel zu einer luftig-cremigen, einheitlich rosafarbenen Masse verrühren. Die Hälfte der Masse auf einem Teigboden verstreichen. Den zweiten Teigboden daraufsetzen. Mit der restlichen Glasur überziehen. Mit Kokosraspeln und Hibiskusblüten garnieren.

SCHUMMEL-OGI

Ogi, in der Igbo-Kultur auch als Akamu bekannt, ist eine aus vergorenem Mais hergestellte Creme. Dafür werden getrocknete Maiskörner drei bis vier Tage in Wasser eingeweicht und leicht vergoren. Dann werden die Körner mit frischem kaltem Wasser püriert. Den Brei lässt man abtropfen, wobei die aufgefangene Masse anschließend einige Stunden stehen bleibt. Das Wasser, das sich von dem Maisbrei absetzt, wird abgegossen, und übrig bleibt: Ogi! Das dauert relativ lang, weshalb ich eine kürzere Schummel-Version entwickelt habe. Für den charakteristischen säuerlichen Ogi-Geschmack habe ich Sauerkrautsaft genommen.

ZUBEREITUNG: 5 MIN.
GARZEIT: 10 MIN.
FÜR 4 PERSONEN

- **120 g feiner Maisgrieß (oder Maismehl)**
- **100 ml Sauerkrautsaft**
- **400 ml Kokosmilch (oder Reisdrink)**
- **50 g Kokosblütenzucker (oder weißer Zucker)**
- **Kondensmilch, zum Servieren**
- **Hibiskusblüten, zum Garnieren (nach Belieben)**

Den Maisgrieß in eine Schüssel geben und den Sauerkrautsaft unter Rühren zugießen. Beiseitestellen.

Kokosmilch und Zucker in einem Topf bei starker Hitze 5 Minuten rühren, bis der Zucker sich aufgelöst hat. Vom Herd nehmen und 2 Minuten abkühlen lassen. Den Maisbrei unter kräftigem Rühren in den Topf geben. Den Topf bei schwacher Hitze wieder auf den Herd setzen und 3 Minuten rühren, bis die Masse cremig eingedickt ist.

Ogi am besten noch warm mit Kondensmilch und nach Belieben Hibiskusblüten servieren. Wenn der Ogi nicht sofort verzehrt wird, in einen Behälter füllen und die Oberfläche mit Frischhaltefolie abdecken, damit sich keine Haut bildet.

HINWEIS
Sie können die Kokosmilch oder den Reisdrink auch durch Wasser ersetzen.

MANGO-OGI-TARTE

Mangos sorgen immer für ein Lächeln in meinem Gesicht, nicht nur weil ich mit dieser Frucht schöne Erinnerungen an meine Internatszeit in Nigeria verbinde (wo die Mangos immer superlecker waren), sondern auch weil sie so fruchtig-lecker schmeckt. Mangos sind der perfekte Partner für Ogi mit seinem feinsäuerlichen Aroma. Daraus ergibt sich eine sensationelle Creme, die sich super als Füllung für eine Tarte macht.

ZUBEREITUNG: 20 MIN. PLUS KÜHLZEIT
BACKZEIT: 15 MIN.
FÜR 6 PERSONEN

FÜR DEN TEIG
- **60 g Kokosmehl**
- **160 g gemahlene Egusi-Kerne (oder gemahlene Mandeln)**
- **2 EL Kokosblütenzucker (oder Rohrohrzucker)**
- **¼ TL Salz**
- **3 EL zerlassenes Kokosöl (oder Erdnussöl), plus mehr zum Einfetten**

FÜR DIE FÜLLUNG
- **160 ml Kokoscreme**
- **340 ml Mangosaft**
- **1 TL Vanillearoma**
- **80 g Maismehl**
- **80 ml Sauerkrautsaft (oder Wasser)**
- **100 g Zucker**
- **1–2 Mangos, geschält und Fruchtfleisch in Scheiben geschnitten**

Den Backofen auf 160 °C vorheizen und eine Tarteform (Ø 20 cm) leicht einölen.

Für den Teig Kokosmehl, Egusi-Kerne, Zucker, Salz, Öl und 60 ml Wasser von Hand in einer Schüssel vermengen, bis die Zutaten gebunden sind und ein leicht klebriger Teig entstanden ist. Den Teig in die vorbereitete Form drücken. Dabei einen kleinen Rand bilden. Im vorgeheizten Ofen 15 Minuten backen, bis der Teigboden leicht gebräunt ist. Vollständig in der Form erkalten lassen.

Inzwischen für die Füllung Kokoscreme, Mangosaft und Vanillearoma in einem kleinen Topf zum Kochen bringen. Die Hitze auf niedrige Stufe regulieren. In einer Schale Maismehl und Sauerkrautsaft glatt rühren. Zusammen mit dem Zucker in den Topf geben und 5 Minuten rühren, bis die Masse cremig eingedickt ist.

Die Creme auf dem Teigboden verstreichen. Abkühlen und dann im Kühlschrank fest werden lassen. Vor dem Servieren die Mangoscheiben dekorativ auf der Creme anrichten. Die Tarte in sechs Stücke schneiden und servieren.

KOCHBANANEN-CRÊPES

Diese Crêpes habe ich das erste Mal für meine Familie an Weihnachten gemacht. Meine Cousinen, mein Cousin und ich konnten uns nicht entscheiden, ob wir nun gebratene Kochbananen oder Crêpes zum Frühstück haben wollten. Also kombinierten wir die beiden Gerichte – und das Ergebnis war einfach köstlich. Ganz auf nigerianische Art serviere ich die Crêpes mit einem pikanten Sirup, der problemlos durch eine Schoko- oder Karamellsauce ersetzt werden kann. Für noch mehr Geschmack und Textur gebe ich manchmal knusprige Speckwürfel obendrauf.

ZUBEREITUNG: 15 MIN.
GARZEIT: 40 MIN.
FÜR 4 PERSONEN

Für den Chilisirup
- 300 ml Kokosblütensirup (oder Honig)
- 1 Stück Ingwer (2 cm), geschält und gehackt
- 1 TL Cayennepfeffer
- ½ TL zerstoßene Chiliflocken

FÜR DEN CRÊPES-TEIG
- 2 Eier
- 200 ml Mandeldrink
- 2 EL Kokosöl, zerlassen, plus mehr zum Einfetten
- ½ TL Vanillearoma
- ½ gelbe Kochbanane, zerdrückt
- 125 g Weizenmehl
- 3 EL Rohrohrzucker (oder Kokosblütenzucker)

Für den Chilisirup alle Zutaten mit 200 ml Wasser in einen Topf geben und zum Kochen bringen. Die Hitze reduzieren und 8 Minuten köcheln lassen, bis die Flüssigkeit sirupartig auf die Hälfte eingekocht ist. Vom Herd nehmen und erkalten lassen. Nach Belieben durch ein feines Sieb gießen, um die Ingwerstückchen zu entfernen.

Für den Teig die Eier in einer Schüssel verquirlen. Mandeldrink, Kokosöl, Vanillearoma und Kochbanane sorgfältig unterrühren. Mehl und Zucker in einer großen Schüssel vermengen. Die Kochbananenmischung nach und nach zu den Trockenzutaten gießen und dabei rühren, bis ein glatter Teig entstanden ist.

Eine kleine Pfanne mit einem Stück Küchenpapier mit Kokosöl einreiben und auf mittlerer Stufe erhitzen. (Die Pfanne sollte nach jedem oder jedem zweiten Pfannkuchen neu eingefettet werden.) Eine kleine Kelle voll Teig hineingießen und durch Schwenken dünn auf dem Pfannenboden verteilen. Den Crêpe von jeder Seite 2 Minuten backen. Auf diese Weise etwa 8 Crêpes zubereiten.

Zum Servieren die Crêpes zusammenklappen und mit etwas Chilisirup beträufeln. Nochmals falten und mit weiterem Chilisirup beträufeln.

LAGOS MESS

Im Internat durften uns unsere Familien alle 14 Tage einmal besuchen und zu einem Ausflug abholen. Bei mir ging es dann in der Regel zum Geburtstag oder zur Hochzeit von entfernten Verwandten. Ich weiß noch, wie ich im Auto vor Hitze immer fast geschmolzen bin, weil es so lange dauerte, um aus dem Verkehrschaos von Lagos herauszukommen. Während man im Stau stand, wurde man von Straßenhändlern mit Gekühltem versorgt. Sie hatten alle das Gleiche im Angebot: Erdbeerjoghurt, Vanilleeis und Schokomilch – süß, cremig und erfrischend. Während wir hitzig darüber stritten, was wir nehmen sollten, kaufte mein Onkel von allem etwas, damit die Gemüter wieder abkühlten. Dieses Dessert ist meine Interpretation des britischen Klassikers Eton Mess und inspiriert von den Erinnerungen an diese Zeit.

ZUBEREITUNG: 25 MIN.
FÜR 4 PERSONEN

300 g Schlagsahne
Mark von 1 Vanilleschote
1 EL Zucker
1 Baiser
500 g Erdbeeren, geputzt und in Scheiben geschnitten
200 g Kokosjoghurt (oder griechischer Joghurt, 10 % Fett)
50 g Milchschokolade, geraspelt
100 g Chin Chin mit Kaffee (s. S. 165) oder andere Kaffeeplätzchen, zerkrümelt

Die Sahne mit Vanillemark und Zucker steif schlagen. Das Baiser in Stücke brechen und unter die Schlagsahne heben.

In einer zweiten Schüssel zwei Fünftel der Erdbeeren mit einer Gabel zerdrücken und mit dem Joghurt verrühren.

Die Baiser-Sahne auf vier Dessertgläser oder Schalen verteilen. Den Erdbeerjoghurt darübergeben. Mit Milchschokolade und den Plätzchenkrümeln bestreuen. Die restlichen Erdbeerscheiben darauf anrichten. Sofort servieren.

POCHIERTE HIBISKUSBIRNEN

Ich dachte immer, dass pochierte Birnen zu jenen Zubereitungen gehören, die nur wirklich erfahrene Köche zubereiten können – bis ich schließlich festgestellt habe, dass sich dieses Dessert auch mit wenig bis null Erfahrung zubereiten lässt. Das Tolle an Birnen ist, dass sie andere Aromen sehr gut aufnehmen. Ich aromatisiere sie mit Hibiskus, Ingwer und Gewürznelken sowie Selimpfeffer, den Sie aber auch weglassen können. Serviert werden die Birnen dann in ihrem Sirup mit einem cremigen Kokosjoghurt. Je mehr Sirup Sie verwenden, desto röter werden die Birnen. Ein tolles Dessert, das in keinster Weise altmodisch ist.

ZUBEREITUNG: 5 MIN.
GARZEIT: 30 MIN.
FÜR 4 PERSONEN

2 Selimpfefferschoten, zerstoßen (nach Belieben)
4 EL fein geschnittene getrocknete Hibiskusblüten
200 g Zucker
dünn abgelöste Schale von 2 Bio-Zitronen
4 ganze Gewürznelken
1 Stück Ingwer (4 cm), geschält und gerieben
4 Tafelbirnen (Sorte Conference), geschält
Kokosjoghurt (oder griechischer Joghurt, 10 % Fett), zum Servieren

Bis auf die Birnen alle Zutaten mit 500 ml Wasser in einem großen Topf mischen und bei starker Hitze zum Kochen bringen. Sobald die Flüssigkeit aufwallt, die Hitze reduzieren und 10 Minuten köcheln lassen, damit die Aromen sich entwickeln.

Die Birnen in den Topf setzen und mit aufgesetztem Deckel je nach Reifegrad etwa 20 Minuten sanft pochieren. Zur Probe das Fruchtfleisch mit einem spitzen Messer einstechen. Die weichen Birnen aus dem Topf nehmen und die Flüssigkeit zu einem dicken Sirup einkochen.

Die Birnen mit dem Sirup überziehen und mit Joghurt servieren.

GRAPEFRUIT-GUAVEN-CHEESECAKE

Im Idealfall wird dieser Käsekuchen mit Wara zubereitet, ein Käse, der bei den Fulani und Hausa in Nigeria beliebt ist und in der Regel eher als Snack gegessen wird. Mozzarella ist ein guter Ersatz und verleiht diesem Cheesecake die richtige satte Konsistenz. Für den Teigboden werden zerstoßene Chin Chin (s. S. 164) verwendet, und die Füllung erhält durch Guaven einen exotischen Touch. Die Grapefruitscheiben auf dem Kuchen wiederum sorgen für eine feinherbe Süße und sehen einfach toll aus. Zusätzlich können Sie den Cheesecake mit glatt gerührter Guavenkonfitüre überziehen. Ein köstlicher Dessertkuchen, perfekt für ein Essen mit Gästen!

ZUBEREITUNG: 30 MIN. PLUS KÜHLEN
GARZEIT: 30 MIN.
FÜR 12 PERSONEN

- 200 g traditionelle Chin Chin (s. S. 164)
- 100 ml Erdnussöl
- 2 EL Kokosöl
- 2 EL Maniokmehl (oder Weizenmehl)
- 150 ml Reisdrink
- 125 g Mozzarella, gerieben
- 250 g Mascarpone
- 100 g Puderzucker
- 4 EL frisch gepresster Zitronensaft
- 2 TL Vanillearoma
- 410 g Guaven in Sirup (aus der Dose), abgetropft
- 150 ml Kokoscreme
- 5 Blatt weiße Gelatine, in kaltem Wasser eingeweicht
- 1 Pink Grapefruit, geschält und in Scheiben geschnitten

Eine Springform (Ø 24 cm) mit Backpapier auskleiden.

Die Plätzchen im Mixer oder in einem Gefrierbeutel mit einem Nudelholz zu Krümeln verarbeiten. In eine Schüssel geben und mit dem Erdnussöl mischen. Die Masse in die vorbereitete Form füllen und in einer gleichmäßigen Schicht mit den Fingern oder einem Löffelrücken auf dem Boden andrücken. In den Kühlschrank geben und mindestens 30 Minuten fest werden lassen.

Inzwischen das Kokosöl in einem Topf bei starker Hitze zerlassen. Das Mehl einstreuen und rühren, bis es glasig angeschwitzt ist. Den Reisdrink in einem dünnen Strahl zugießen und dabei glatt rühren. Den Mozzarella zugeben und etwa 6 Minuten bei schwacher bis mittlerer Hitze rühren, bis er sich vollständig aufgelöst hat und eine cremige Masse entstanden ist.

Mascarpone, Puderzucker, Zitronensaft und Vanillearoma in einer großen Schüssel cremig rühren. Die Mozzarellamasse sorgfältig unterheben.

Die Guavenhälften glatt pürieren und durch ein Sieb in eine Schüssel passieren, um die Kerne zu entfernen.

Die Kokoscreme in einem kleinen Topf bei schwacher Hitze etwa 5 Minuten erwärmen. Die Gelatine ausdrücken und nacheinander unter Rühren in der Kokoscreme auflösen.

Kokoscreme und Guavenpüree in die Käsemasse rühren. Die Masse in die Form füllen und glatt streichen. Den Cheesecake mindestens 4 Stunden oder über Nacht in den Kühlschrank stellen, bis die Käsemasse fest ist.

Den Cheesecake aus der Form lösen und mit den Grapefruitscheiben garnieren. Den Kuchen vor dem Servieren auf Zimmertemperatur kommen lassen und in 12 Stücke schneiden.

KOCHBANANENEISCREME

Ich muss zugeben, dass die Idee zu dieser Eiscreme von einem Tweet stammt, der vor einiger Zeit viral ging und in dem ein Typ in einem amerikanischen Eisladen stand und eine Wanne Vanilleeis mit aufliegenden Kochbananenscheiben in den Händen hielt. Daraufhin startete ich meine eigene Kochbananeneis-Mission. Das Tolle an Kochbananen ist, dass sie so vielseitig sind. Sie können alles, was Obstbananen können, und noch viel mehr. In diesem Fall: ein richtig cremiges Eis mit milden Aromen.

ZUBEREITUNG: 20 MIN. PLUS TIEFKÜHLZEIT
GARZEIT: 10 MIN.
FÜR 4–6 PERSONEN

- 2 gelbe Kochbananen, geschält und in Scheiben geschnitten
- ½ TL Vanillearoma
- 2 EL Kokosblütensirup (oder Honig)
- 1 TL geriebene Muskatnuss
- 1 TL gemahlener Ingwer
- 100 ml Kokoscreme

FÜR DEN KOCHBANANENSIRUP

- 1 rote Kochbanane, geschält und klein geschnitten
- 120 g Kokosblütenzucker (oder Rohrohrzucker)

ZUM SERVIEREN

- 2 EL Carobpulver
- 4 EL Erdnüsse (oder Cashewkerne), grob gehackt

Die gelben Kochbananen in einen Gefrierbeutel geben und etwa 4 Stunden oder über Nacht tiefkühlen.

Inzwischen für den Sirup die rote Kochbanane mit dem Zucker in einem kleinen Topf bei mittlerer bis starker Hitze 6–8 Minuten garen, bis sie karamellisiert und goldbraun ist. Unter Rühren 60 ml Wasser zufügen und einige Minuten kochen, bis die Kochbanane ganz zerfallen und die Masse cremig glatt ist. Abkühlen lassen.

Die tiefgekühlten Kochbananenscheiben glatt mixen. Vanillearoma, Kokosblütensirup, Muskat, Ingwer und Kokoscreme eine weitere Minute untermixen, bis eine glatte Masse entstanden ist.

Die Eismasse abwechselnd mit dem Sirup in einen gefriergeeigneten Kunststoffbehälter (500 ml) schichten. Eine Gabel durchziehen, um einen Marmoreffekt zu erzielen. Mit Frischhaltefolie abdecken und mindestens 1 Stunde im Gefrierfach fest werden lassen.

Die Eiscreme 15 Minuten vor dem Servieren aus dem Gefrierfach nehmen und antauen lassen, damit sie sich leichter portionieren lässt. Die Eiscreme in Kugeln in Eisschalen geben. Mit Carobpulver und gehackten Nüssen bestreut servieren.

HINWEIS

Sie können die Erdnüsse oder Cashewkerne durch Macadamianüsse, Mandeln oder andere Nüsse, die gerade vorrätig sind, ersetzen.

ERDNUSS-POPCORN

Popcorn ist in vielerlei Hinsicht ein unglaublich toller Snack. Unter anderem ist es schnell zubereitet (was, zumindest für mich, sehr wichtig ist). Ich liebe aber auch das Geräusch, wenn die Kerne im Topf aufplatzen – zuerst mit einem wahren Trommelfeuer, dann nur noch vereinzelt. Ich weiß, dass viele Leute süßes Popcorn lieben, aber diese würzige, nussige Version ist definitiv auch einen Versuch wert.

ZUBEREITUNG: 5 MIN.
GARZEIT: 5 MIN.
ERGIBT 4 VIER GROSSE PORTIONEN

5 EL Erdnussöl
200 g Popcornmais
1 EL geröstetes Erdnussmehl
4 EL Erdnüsse, gehackt
Salz und Cayennepfeffer

In einem großen, hohen Topf 4 EL Erdnussöl etwa 1 Minute auf mittlerer bis hoher Stufe erhitzen. Zur Probe, ob das Öl heiß genug ist, zwei oder drei Maiskörner hineingeben. Sobald sie aufplatzen, ist die Temperatur richtig. Die restlichen Maiskörner hineingeben und den Deckel aufsetzen. Den Topf ständig rütteln, und wenn seltener als alle 6 Sekunden ein Korn aufplatzt, vom Herd nehmen. Den Deckel abnehmen, auch wenn immer noch einzelne Körner aufspringen könnten, und das Popcorn in eine große Schüssel füllen.

Restliches Erdnussöl und Erdnussmehl verrühren. Zusammen mit den gehackten Erdnüssen unter das Popcorn mischen, bis es gleichmäßig damit überzogen ist. Mit Salz und Cayennepfeffer würzen.

Warm servieren.

MADAM KOIN KOIN

Ich weiß nicht, warum es in Internaten immer Geistergeschichten gibt – egal wo auf der Welt, jedes Internat hat seine eigenen Geschichten. Madam Koin Koin ist ein Geist, der in roten Schuhen umhergeht und dessen Schritte in den Gängen hallen. Wie viele andere Yoruba-Wörter hat auch dieses etwas Lautmalerisches. Da ich nicht abergläubisch bin, fand ich es lustig, ein Krokant herzustellen, dass das Geräusch und die Farbe von Madam Koin Koins Schuhen nachahmt.

ZUBEREITUNG: 5 MIN. PLUS KÜHLZEIT
GARZEIT: 10 MIN.
ERGIBT: 12 STÜCK

Öl, zum Einfetten
200 g Mandelblättchen (oder Egusi-Kerne)
200 g Zucker
150 ml Maissirup
2 Tropfen rote Lebensmittelfarbe (nach Belieben)

Eine Auflaufform mit Butter oder Öl einfetten und mit Backpapier auskleiden.

Die Mandeln in einer großen Pfanne bei mittlerer Hitze trocken rösten, bis sie Farbe angenommen haben (Egusi-Kerne rösten, bis sie zu springen beginnen). Die Mandeln in der vorbereiteten Form in einer dünnen, gleichmäßigen Schicht verteilen.

Zucker, Maissirup und 120 ml Wasser in einem Topf mischen und bei mittlerer Hitze rühren, bis der Zucker sich aufgelöst hat. Dann den Sirup etwa 5 Minuten köcheln lassen, bis er bernsteinfarben ist. Nach Belieben die Lebensmittelfarbe einrühren. Den Sirup über die Mandeln gießen und 30 Minuten fest werden und abkühlen lassen.

Mit einem Löffelrücken auf den Krokant schlagen, um ihn in Stücke zu brechen. Wenn der Krokant nicht sofort serviert wird, in einem dicht schließenden Behälter aufbewahren.

MANGO-KOKOS-DESSERT

Für dieses Dessert werden zitronige Chin Chin, eine feine Kokoscreme und fruchtige Mangowürfel aufeinandergeschichtet, deren unterschiedliche Aromen und Texturen sich wunderbar ergänzen, wobei die Plätzchen sich mit dem Sirup der Mangowürfel vollsaugen (aber nicht so sehr, dass sie völlig aufweichen) und für eine wahre Geschmacksexplosion sorgen. Ich verwende Estragon in meinem Rezept, weil sein feines Aroma die einzelnen Komponenten verbindet. Kräuter sind nicht nur etwas für die herzhafte Küche!

ZUBEREITUNG: 20 MIN. PLUS KÜHLZEIT
GARZEIT: 10 MIN.
FÜR 4 PERSONEN

1 Stück Ingwer (4 cm), geschält und gewürfelt
150 g Gelierzucker
2 EL fein gehackter Estragon, plus mehr zum Servieren
2 Mangos, geschält, Fruchtfleisch vom Stein geschnitten und gewürfelt
250 g Schlagsahne
2 TL Vanillearoma
175 ml Kokosjoghurt (oder griechischer Joghurt)
240 g Chin Chin mit Zitrone (s. S. 166, oder andere Zitronenplätzchen)

Ingwer und Zucker mit 200 ml Wasser in einen Topf geben und zum Kochen bringen. Etwa 10 Minuten bei schwacher Hitze köcheln lassen, bis die Mischung einzudicken beginnt. Den Topf vom Herd nehmen. Den Estragon zufügen und 5–10 Minuten ziehen lassen. Den Sirup durch ein Sieb in eine Schüssel gießen, um Estragon und Ingwer zu entfernen, und 15 Minuten abkühlen lassen. Einige Mangowürfel als Garnierung im Kühlschrank aufbewahren. Die restlichen Mangowürfel in den Sirup geben und im Kühlschrank ziehen lassen.

Inzwischen die Sahne steif schlagen. In einer zweiten großen Schüssel das Vanillearoma in den Joghurt rühren. Die Schlagsahne portionsweise unterheben. Bis zum Schichten des Desserts im Kühlschrank lagern.

Die Plätzchen im Mixer oder in einem Gefrierbeutel mit einem Nudelholz zerkrümeln.

Vor dem Servieren 3–4 EL Plätzchenkrümel in vier Dessertgläser füllen und 3 EL Mangowürfel, gefolgt von 3 EL Sahnejoghurt daraufschichten. Die Schichten wiederholen. Mit den zurückgelegten Mangowürfeln und etwas Estragon garnieren.

REGISTER

DANKSAGUNG

Ich bin unfassbar dankbar, dass ich ein Kochbuch schreiben durfte. Mein besonderer Dank geht an die Menschen um mich herum, ohne die dieses Buch und die Ideen für einige Rezepte nicht entstanden wären.

Ich danke meiner Familie, vor allem meiner Mutter, meinen Cousinen und meinem Cousin (Lola, Tolani und Bolaji). Ihr seid meine größten Unterstützer und meine besten Freunde.

Dank auch an Abigail, Claud Williams und Marion für eure Ratschläge und für eure Ermutigung, aus meiner Komfortzone herauszukommen.

Dank an die HDPL-Gruppe und die Heathcoat Squad, dass ihr selbst die langweiligsten Tage durch euren Humor heiter werden lasst.

Dank an Sam alias Squirrel dafür, dass du mich beruhigt hast, als die Abgabetermine immer näher rückten.

Dank an die Jury des Red-Magazine-Wettbewerbs – Pip McCormac, Leslie Leigh, Ronke Lawal, Jessica Laditan und Heena Zamurd-Butt – dafür, dass ihr meine Fähigkeiten erkannt habt und mir die Chance gabt, meine Geschichten und meine Liebe zum Essen zu teilen.

Dank an Ellis Parrinder, Laurie Perry und Hannah Wilkinson – das Team, das meine Gerichte zum Leben erweckt hat – für eure Aufmerksamkeit auch für das kleinste Detail und eure konsequente Arbeit, um das perfekte Foto zu erhalten.

Dank an Grace Cheetham, Zoe Berville, Sarah Hammond, Mic Alcaino, James Empringham, Polly Osborn, Isabel Prodger, Jasmine Gordon und Orlando Mowbray für eure Geduld und die Anleitung während der Entstehung dieses Buches. Ich habe viel gelernt und bin in kurzer Zeit sehr gewachsen. Ich fühle mich sehr glücklich, nun Teil der HarperCollins-Familie zu sein.

DK | Penguin Random House

Für die deutsche Ausgabe:
Programmleitung Monika Schlitzer
Redaktionsleitung Anne Heinel
Projektbetreuung Julia Sommer
Herstellungsleitung Dorothee Whittaker
Herstellungskoordination Arnika Marx
Herstellung Stefanie Staat

Übersetzung Lisa Heilig
Redaktionelle Bearbeitung und Satz trans texas publishing services GmbH

Titel der englischen Originalausgabe: Hibiscus

Der Originaltitel erschien 2017 in Großbritannien bei HarperCollins*Publishers*

ISBN 978-3-8310-4241-8

Druck und Bindung L.E.G.O. S.p.A., Italien

FSC www.fsc.org MIX Papier aus verantwortungsvollen Quellen FSC® C023419

www.dk-verlag.de

Hinweis
Die Informationen und Ratschläge in diesem Buch sind von der Autorin und vom Verlag sorgfältig erwogen und geprüft, dennoch kann eine Garantie nicht übernommen werden.
Eine Haftung der Autorin bzw. des Verlags und seiner Beauftragten für Personen-, Sach- und Vermögensschäden ist ausgeschlossen.

Soweit nicht anders angegeben, beziehen sich die Temperaturangaben für den Ofen auf Ober- und Unterhitze. Bei Umluft verringert sich die Temperatur um etwa 20 °C. Beachten Sie hierzu gegebenenfalls auch die Angaben des Herstellers.